DEUXIÈME ÉDITION

MOSSEN JACINTO VERDAGUER

SA VIE

SES ŒUVRES, SA MORT

Par M. Augustin VASSAL

CHEVALIER DE SAINT-GRÉGOIRE-LE-GRAND

PRIX : 1 Fr. 50

PERPIGNAN

BARRIÈRE & C^{le}, imprimeurs

Rue des Trois-Rois, 1

—

1913

Jacinto Verdaguer Pre

AD MEMORIAM

PRÆCLARISSIMI POETÆ

JACINTO VERDAGUER

Sicut Aquila in altissimis evolavit
Licut Columba canticis inenarrabilibus ingemuit.

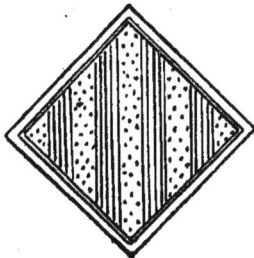

COMMÉMORATION

I

Il y a un an, le 10 juin 1902, date inoubliable, la grande ville de Barcelone était dans le deuil et les larmes. La consternation se peignait sur tous les visages et l'étranger qui passait demandait quel était le malheur dont tout un peuple venait d'être frappé.

C'était un pauvre prêtre, c'était un citoyen illustre entre tous, qui venait de mourir. C'était la plus grande gloire, le génie de la Catalogne qui venait de s'éclipser, comme le soleil couchant, mais hélas ! pour ne pas reparaître et pour ne plus briller au ciel de la patrie.

Les grands et les petits lui firent des funérailles plus que royales ; les gémissements alternaient avec les chants funèbres autour de son cercueil, expression éloquente des regrets de ses concitoyens unis dans une commune douleur.

C'était plus qu'une marche funèbre, c'était une marche triomphale à travers les flots pressés d'une immense marée humaine [1] dont le murmure rappelait celui de l'Océan soulevant autrefois de ses vagues puissantes le navire qui portait sur ses abîmes le jeune poète et ses sublimes destinées.

La gloire et l'immortalité planaient sur la froide dépouille de l'auteur de l'*Atlantide* et de tant de chefs-d'œuvre applaudis par l'Espagne, par l'Europe et par le monde entier.

Certes la religion et la patrie pouvaient être fières de Celui qui les avait si noblement glorifiées et qui, malgré toutes les épreuves et toutes les tristesses, leur était resté fidèle jusqu'à son dernier soupir.

---

[1] Les obsèques ont eu un caractère des plus imposants, il n'était pas venu moins de *deux cent mille personnes* pour y assister. (*Le Temps*, numéro du 15 juin 1902).

Son corps seul est descendu dans la tombe pour y dormir son dernier sommeil, mais son âme est là-haut avec les esprits célestes chantant, comme eux et avec eux, des gloires nouvelles.

Son génie projette, aujourd'hui comme hier, son puissant rayonnement sur la patrie catalane et sur le monde.

Aussi c'est avec une pieuse et croissante fidélité qu'en ce jour anniversaire d'un si grand deuil, nous faisons la commémoration de Mossen Jacinto Verdaguer que les Roussillonnais aimaient de l'affection la plus tendre et qu'ils estimaient de l'admiration la plus vive.

Au nom de l'*Ame Française*, qui avait l'insigne honneur de le compter parmi ses collaborateurs, nous saluons avec un profond respect le grand poète, le génie de la Catalogne dont le nom et les écrits feront toujours vibrer les cœurs de tous les Catalans vraiment dignes de conserver sa mémoire.

Avec l'illustre poète catalan Pere Palau Gonzalez de Quijano nous louerons

Le poète héroïque,
Le Titan du siècle
Que fit éclore sur la terre
La poésie dans un baiser :
   Verdaguer le grand.
Ainsi l'appellent la terre et la mer ;
Le *Canigou* fait retentir son nom,
L'*Atlantide* le proclame.

El poeta heroich,
El Titá del sigle,
Qu'esclate en el mon
A un bés de poesia ;
Verdaguer el gran,
Terra y mar li diuhen ;
Canigó 'l retruny,
L'Atlantida 'l crida.

Pour nous Verdaguer n'est pas mort ; aujourd'hui comme hier, comme demain, il sera notre chef glorieux et vénéré.

Que sa devise soit la nôtre : en avant, toujours en avant, pour la patrie catalane et pour Dieu.

Avant, oh Catalunya ! Avant.

II

A LA MÉMOIRE DU GRAND VERDAGUER

L'Atlantide

Quand son esprit planait sur les profonds abimes,
Où la mer se dressait comme d'immenses cimes,
Son regard pénétrant sondait tous les écueils
Du déluge nouveau, témoins de tant de deuils.
Et le monde étonné contempla l'*Atlantide*
Ruisselant des parfums du jardin d'Hespéride.

La Mer pleure son Poète

Les flots de l'Océan mugirent irrités.
Comme si le Très-Haut les avait excités.
C'étaient grandes clameurs, c'étaient voix gémissantes
Qu'au loin répercutaient les vagues frémissantes.
Pour César autrefois le soleil se voila ;
Pleurant son barde mort, la mer se souleva.

Le Canigou

Il foula de son pied les arides rochers,
Plus haut que tous les flots, plus hauts que les clochers.
Le soleil se cachait derrière le nuage,
Verdaguer nous donnait *Canigou*, noble hommage.

La Mort du Poète

Le *Canigou*, chanté par l'immortel poète,
Ne l'accueillera plus comme aux beaux jours de fête.
Il se couvre, à sa mort, d'un long voile de deuil,
De sa plus blanche neige il lui fait un linceul.

Augustin Vassal.

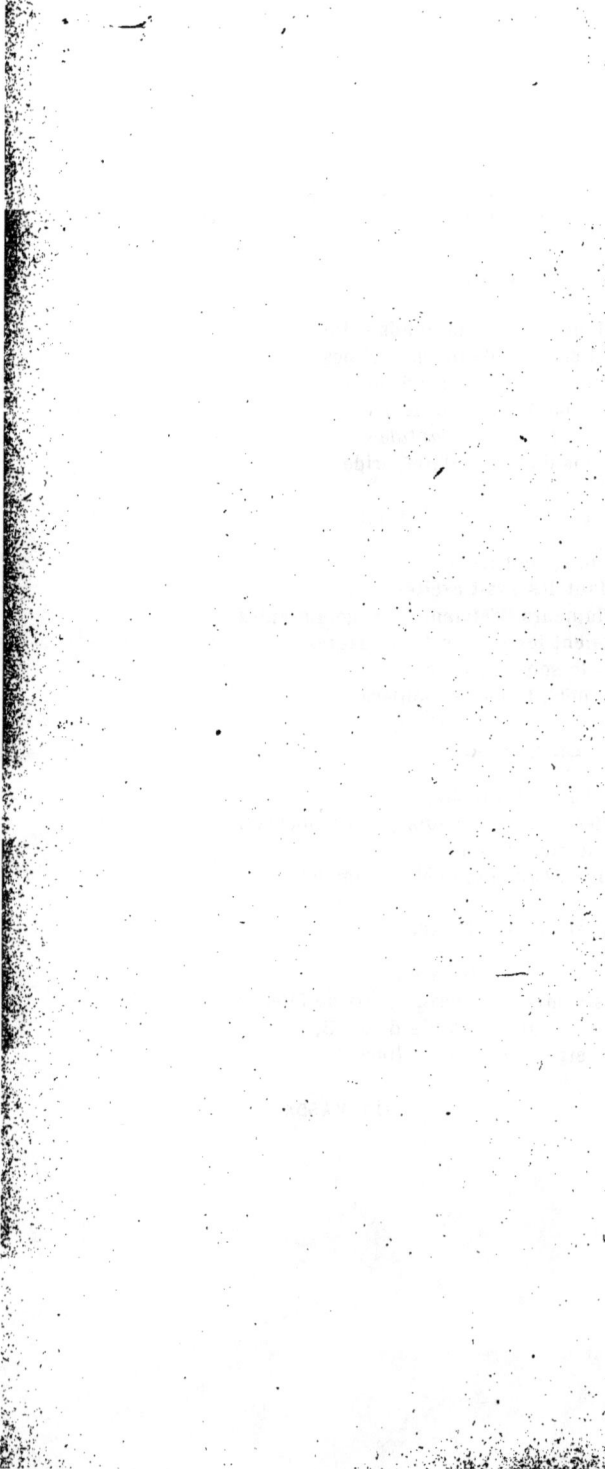

Mossen Jacinto Verdaguer

SA VIE – SES ŒUVRES – SA MORT

SA VIE

Une des plus belles et des plus originales figures de notre époque est, sans contredit, celle du plus grand poète de l'Espagne, Mossen Jacinto Verdaguer.

« Les critiques les plus éminents d'Europe ont parlé des œuvres du poète et le nom de Verdaguer a déjà pris sa place au temple de la gloire, buriné d'une manière ineffaçable par la main de la Renommée ; mais de sa vie, on en sait peu de chose au dehors, et, même dans la Catalogne, il ne s'en raconte que des épisodes auxquels on donne déjà une certaine façon de légende. Nous essaierons donc d'esquisser au moins la silhouette de cette figure si sympathique, qui a, suivant d'où on la considère, la suavité de contours d'une mystique création de l'École d'Ombrie, et qui, d'un autre point, nous présente les lignes saillantes et capricieuses d'une eau-forte de Rembrandt [1]. »

Où trouver dans l'histoire des grands hommes un autre type comme Verdaguer, en qui l'homme et le poète, le prêtre et l'artiste se trouvent fondus et identifiés si complètement ; de telle sorte que la vie de l'homme, soit qu'elle glisse paisiblement en des jours heureux, soit qu'elle coure péniblement en des moments de tribulation et d'épreuve, est toujours la vie

[1] Nous avons suivi l'excellente biographie de M. le chanoine Collell.

laborieuse et féconde du poète, embellie plus tard et illuminée par toute la majesté et par toutes les splendeurs du sacerdoce.

Verdaguer, naquit, le 17 mai 1845, au petit village de Folgueroles, dans le diocèse de Vich qui se glorifie d'avoir donné le jour à Balmès, dont la tombe prématurément ouverte se heurtait presque au berceau de l'enfant qui devait, un jour, comme lui, honorer la tribu sacerdotale. Comme le grand penseur le futur poète trouvera dans la majesté de la nature, même de la nature sauvage, plus d'inspirations que n'en peuvent donner les grandes villes. Il vint au monde au milieu des fleurs du printemps, salué par les chants du rossignol, celui qui devait si bien chanter et faire épanouir les plus belles fleurs de la poésie catalane.

Le nouveau baptisé reçut pour protecteurs les saints Hyacinthe, Sigismond et Raimond. Un nom de prêtre et des noms de roi étaient bien choisis pour celui qui devait être un mystique et le Roi de la poésie.

Son père était un honnête et vaillant tailleur de pierres qui savait quitter le ciseau et le marteau pour prendre la pioche et la charrue. Sa mère Joséphine Santaló, active et silencieuse, partageait les heures de sa vie entre l'église et le foyer domestique. Elle fut son premier maître en poésie. Le fils sera digne d'une telle mère.

« Ma mère bien aimée se plaisait beaucoup à la lecture du *Dévot Pèlerin*, du P. Castillo. Lui en ayant entendu lire des passages, alors que je jouais encore sur ses genoux, je sentis naître dans mon cœur le désir — n'était-ce pas plutôt un rêve — de visiter la Terre Sainte. »

Au mois d'avril et mai 1886, le grand poète réalisait ce rêve d'enfant dont il nous a laissé le touchant récit dans le *Journal d'un Pèlerin en Terre Sainte*, où il était allé « se retremper dans les flots de ce divin soleil qui ne se couche plus désormais, de ce soleil qui vivifie les intelligences et les cœurs, et qui est le véritable centre de la vie universelle. »

Cette mère admirable, il la pleurera dans une de ses plus émouvantes poésies : *A la mort de ma Mère*.

« Dans la maison tout pleure jusqu'aux saints (dans leurs cadres) qui furent ses amis..... »

Ils ne devaient pas jouir longtemps de leur Jacinto. Dieu les rappela à Lui au commencement de sa glorieuse carrière.

Guidé chrétiennement, le jeune Verdaguer grandissait dans cette fortifiante solitude. Intelligent et pieux, il se sentit appelé de bonne heure à la vocation ecclésiastique.

Les portes du Séminaire de Vich s'ouvrirent devant lui, et, comme plusieurs de ses camarades, il dut gagner sa vie en se plaçant en qualité d'instituteur dans une métairie distante d'une petite heure, où il travaillait les jours de vacance, à la culture de la terre, comme un pauvre journalier. Peine du corps et travail de l'esprit, c'était plus dur que la vie des autres. Il trouve encore le temps d'être poète, et l'*Écho de la Montagne*, journal de Vich, publie (en 1866) à son insu et à son grand regret, un petit poème religieux.

Nous le laissons parler lui-même :

« Ce chant dont les modestes prétentions se bornaient à être lu dans un cercle de condisciples, est l'œuvre d'un jeune poète qui est né et s'est formé, comme la rose de berger, dans un coin de montagne, sans jardinier ni tuteur, et dans les moments perdus ou dérobés au sommeil d'un été, durant lequel il était attaché à la culture de la terre ; car tels furent jusqu'alors et je ne m'en plains pas du tout, mes journées de vacances.

« Ah ! je m'en souviens bien encore ! A l'heure de la méridienne, tandis que les autres serviteurs, étendus de tout leur long à l'ombre rafraîchissante d'un chêne chargé d'ans (cela vaut bien le *recubans sub tegmine fagi* de Virgile) s'abandonnaient aux rêves fortunés de la jeunesse, je m'efforçais, moi, accoudé à quelque distance sous un autre ombrage, de déployer les ailes de l'esprit et de m'élever à un monde d'illusions et de vie que j'entrevoyais là-haut, loin, loin, par une fente, entre de petits nuages dorés, tout en luttant avec mes paupières, qui, lourdes comme le plomb, tombaient abattues sous le poids de la matinée et de la fatigue. Lorsque, sur le soir, les outils au cou, nous nous en retournions pas à pas à la ferme, en fredonnant des chansons du vieux temps, qui sont le lait dont je me nourris, je m'en privais et restais en arrière, soit pour songer tout à mon aise, soit pour faire entrer dans une stance une pensée qui m'éblouissait, ou plier à mon gré une consonnance qui résonnait très agréablement à mes oreilles. Quand, ensuite, toute la maison prenait le frais, sur le seuil de la grande porte ou sur les bords des champs voisins ; que les jeunes valets espiègles cherchaient des vers luisants qui, les sots, éclairaient eux-mêmes ceux qui voulaient les emprisonner dans leurs profondes *barretines* [1], et que les vieux racontaient des histoires et des choses d'autrefois, on m'aurait trouvé, moi, dans la solitude de ma

---

[1] Long bonnet de laine rouge ou violet, que portent les paysans de la Catalogne.

chambre, ruminant, ou bien vidant sur le papier ce qui s'était dessiné ce jour-là dans mon imagination ; et l'*Angelus* tintait, et le coq chantait et rechantait encore, et les poules, languissant la clarté du jour et se retournant de ci de là sur le perchoir, caquetaient, que j'étais encore à jeun de fermer les paupières pour le premier somme. Que de fois les douze coups de minuit, bourdonnés par l'horloge de mon village, me surprenaient la plume aux doigts, le front dans la main gauche, et l'étoile de l'aube me revoyait bientôt accoudé sur la table ! Que de fois entendant à la descente vers les champs, traîner la charrue pesante, je devais laisser pour la veillée suivante une pensée belle, séduisante, si vous y tenez, et remettre la plume à l'encrier, pour empoigner le manche du hoyau ou le bâton du fouet grondeur. »

Puis, s'excusant humblement des défauts de son premier essai épique, qui était un tour de force pour un jeune homme n'ayant pas vingt ans accomplis, et offrant ce fruit précoce à la patrie ausétane, il disait en terminant, à ses amis :

« Je ne puis vous en donner d'autre pour à présent tant ont été clairsemées les fleurs que j'ai trouvées dans mes vingt années de voyage sur la terre, et si nombreuses les épines que j'ai dû fouler pour les avoir. Et si j'ai trouvé si peu de fleurs, au printemps de ma vie, que sera-ce lorsque le glacial décembre changera en neige mes cheveux blonds ? Mais, du moins, encore que Dieu ne m'ait pas donné une intelligence, comme il m'a donné un cœur, qu'il ne m'ait pas donné des ailes, comme des envies de voler, je veux faire en sorte qu'on ne puisse pas dire de moi, avec raison, que j'ai négligé de cueillir les fleurs que j'ai vu s'épanouir sur

mon chemin ; de les cueillir plutôt que de les laisser
rouler jaunies, avec mes dernières illusions, sur le sol
ingrat où elles étaient nées, et se flétrir du même coup
avec elles l'espérance qu'un jour quelques feuilles de
laurier, seraient-elles rougies du sang de mes doigts
meurtris, ombrageront mes tempes, avant que la
guirlande de martyr ne prenne la place de la couronne de poète, qu'aux heures de menteuse rêve-
rie, j'ai vu suspendre à la cîme de l'arbre de mon
avenir... »

L'âme du poète de race palpite dans ces pages
naïves et sublimes à la fois.

O prophète et poète (c'est tout un, *vastes*) tes désirs
seront largement satisfaits ; tu auras une magnifique
couronne de gloire mais elle brillera sur ton front
ensanglanté, car le cœur du poète, plus encore que le
cœur de l'homme est une lyre à sept cordes : six cordes pour la tristesse, une seule pour la joie [1]...

Nous n'ajouterons qu'un trait pour achever la
silhouette du cultivateur-étudiant prédestiné.

Un soir d'été, après avoir passé toute une journée
étouffante à battre le blé au sol, la troupe de domes-
tiques et de journaliers se provoqua à qui courrait plus
vite pieds nus sur le chaume du champ nouvellement
moissonné. Notre poète gagna la partie, digne d'athlè-
tes, et, des cinq piécettes de l'enjeu, il acheta l'*Odys-
sée*, à la foire de Vich.

L'apparition de Jacinto Verdaguer aux jeux floraux
de Barcelone (l'an 1865) fut un événement.

Tout le monde se souvient encore de ce frénétique
enthousiasme, qui fit retentir les lambris de la salle
historique du *Conseil des Cent*, lorsqu'on vit sortir du

[1] Monseigneur Gerbet.

milieu de la foule ce jeune homme tout ahuri, qui portait triomphalement la chère *barretine*.

Déjà ce jeune homme de vingt ans portait dans sa tête toujours ardente comme une fournaise, la conception de l'*Atlantide*. Cette immense catastrophe d'un monde englouti avait vivement frappé son imagination d'enfant.

En 1867, il soumettait à Don Manuel Milá y Fontanals la première ébauche du poème que suivant les indications de l'inoubliable Maître il modifia considé·rablement.

A l'occasion des jeux floraux de l'année suivante, il y eut, à Barcelone, réunion de félibres et de poètes espagnols. L'étudiant de Vich assistait à la fête où Mistral prononça le *Tu Marcellus eris* après avoir pris par la main le chantre futur de l'*Atlantide*.

Le génie de Verdaguer reçut là une forte et nouvelle impulsion et le poète connut plus clairement sa haute destinée.

N'allait-il pas, entraîné par la gloire, faire sombrer sa vocation sacerdotale dans une tentation d'orgueil ? Ce noble caractère sut y résister et fit taire les voix poétiques, les voix enchanteresses pour n'écouter que la voix du divin Maître qui lui présentait son calice et sa couronne d'épines.

Le jeune lévite se prépara à recevoir les ordres sacrés dans la prière et le recueillement, et se voua, avec une ferveur croissante, aux exercices de l'ascétique chrétienne, afin de recevoir la grâce de l'état sacerdotal dans sa plus grande plénitude possible.

Un moment il voulut se faire moine franciscain, entrer au couvent de Saint-Thomas de Riudeperas, voisin de la métairie qu'il habitait, et de là partir pour les Missions de l'Amérique du Sud. Les conseil d'un bon prêtre et la Révolution de 1868 qui expulsa les religieux, le firent renoncer à son projet.

Comme Christophe Colomb (un des héros de l'*Atlantide*) au couvent franciscain de Santa Maria del Rabida, avait été encouragé dans son entreprise, Verdaguer n'avait-il pas trouvé dans un couvent les premières inspirations de la poésie mystique dont il devait être plus tard le maître inimitable?

Aux Quatre-Temps de septembre 1870, Verdaguer fut ordonné prêtre, *Sacerdos in œternum*, par l'Évêque du diocèse de Vich, et le 2 octobre, jour de la fête du *Saint Rosaire* de Marie dont il sera un des plus grands dévots, il eut le bonheur de monter à l'autel.

La scène de la première messe de Mossen Jacinto Verdaguer fut des plus attendrissantes. « C'est assurément pour lui, nous dit son biographe, comme elle le fut pour moi, l'idylle la plus souverainement poétique qu'ait jamais pu rêver son imagination chrétienne.

Son œuvre inédite et délicieuse de la *Messe de Saint-Jean* ne date-t-elle pas de là?

« C'est dans un petit ermitage consacré au glorieux saint Georges, patron de la Catalogne, non loin du village natal, que, sans ostentation ni rumeur d'invités, avec quatre cierges et deux bouquets à l'autel pour toute décoration, Mossen Jacinto Verdaguer célébra pour la première fois le Saint Sacrifice, ému, tremblant, presque confus, compensant le trouble et les inévitables fautes du prêtre nouveau contre les rubriques, par une ferveur ardente qui le transfigurait et nous faisait entrer, tous ceux qui étions présents, dans une profonde dévotion. »

Celui qui devait être le chantre de l'*Atlantide* et le

plus grand poète de l'Espagne fut envoyé comme simple vicaire à la paroisse de Vinyoles d'Oris. Sans hésitation, ce bon soldat du Christ se rendit à son poste où il fit preuve du plus grand zèle et d'un admirable dévouement. Ses devoirs de prêtre ne furent jamais sacrifiés, et il préférait le salut des âmes à toutes les fascinations de la gloire humaine. C'est à peine si, certains jours, il avait le loisir d'étudier un peu dans une misérable chambre. Il devait prendre sur le repos de la nuit, s'il voulait réfléchir à son *Atlantide* ou se délasser dans la composition de ses *Idylles*.

On voit, dans le jardin du presbytère, le laurier planté par Verdaguer lui-même. Grâce à l'amabilité du docteur B. Roura y Barrios, son médecin et son ami, nous en avons quelques feuilles qu'il nous a rapportées de son pèlerinage.

Un jour ce laurier sacré se flétrira, sans doute, sous l'action du temps destructeur de toutes choses, mais les lauriers qui couronnent le front du grand poète seront à jamais immarcescibles.

Après trois ans de rude labeur et de privations, le jeune prêtre commença à se plaindre d'insupportables douleurs de tête qu'aucun remède ne parvenait à calmer. On reconnut que le mal déjà profond, n'était rien moins qu'une anémie cérébrale que des médecins qualifièrent d'incurable.

Son biographe nous raconte qu'ils allèrent ensemble faire une promenade dans le Roussillon. Mais la force du mal était telle que, tout heureux qu'il était de voyager et de voir des choses, rien, absolument rien ne l'intéressait. Je vis seulement passer un désir, comme l'éclair, dans son regard mourant, lorsque, de Prades, nous contemplâmes la masse majestueuse du Canigon:

« J'aimerais bien d'y monter ! » dit-il, dans un moment
d'enthousiasme que le mal faisait tout de suite cesser.
Qui lui aurait dit alors qu'il ferait aux *fortunées montagnes* des ascensions si hautes et si glorieuses ?

Le mal empirait chaque jour et les pronostics
n'étaient guère rassurants. Un médecin de Barcelone
opina que le seul remède qu'il croyait efficace pour ce
genre de maladie était de voyager par mer, remède de
riche, et Verdaguer était pauvre.

La Providence, qui veillait sur lui avec une amou-
reuse sollicitude, lui ouvrit les portes à une nouvelle
vie. Au moyen de bonnes recommandations, il put
entrer en qualité d'aumônier dans la Compagnie des
bateaux à vapeur de D. Antonio Lopez, et il s'embarqua
sur le *Guipuzcoa* au commencement de l'année 1875.
C'est sur ce navire qu'il commença l'*Atlantide*, c'est
sur le *Ciudad Condal* qu'il l'acheva.

Il fit neuf voyages complets et revint régénéré, la
santé entièrement recouvrée, ayant une figure saine,
bronzée comme celle des marins, et presque plus joli
de physionomie ; mais avec le regret, toutefois, de
n'avoir pu fermer les yeux à son père bien-aimé, mort
saintement comme était morte, quelques mois aupa-
ravant, dans la douce paix du Seigneur, sa bonne mère.

Quelquefois, pendant la nuit, quand la mer faisait
rage et lançait jusqu'au ciel ses vagues irritées, les
marins voyaient apparaître comme une ombre qui glis-
sait discrètement sur le pont du navire. C'était le
poète qui venait contempler les sublimes horreurs
d'une épouvantable tempête, c'était le prêtre qui,
devant l'immensité de l'Océan, venait prier le Dieu
des mondes infinis, afin que le navire et ses passagers
ne fussent pas la proie de l'abîme sans fond.

Dès qu'il se trouva un peu remis de ses fatigues, le poète reprit le travail de sa chère *Atlantide*. Après avoir traversé l'Océan mystérieux, après avoir vu et contemplé la mer et ses tempêtes, il pouvait chanter la plus grande catastrophe du monde survenue depuis le déluge, la disparition d'un continent englouti par les flots.

Enfin l'*Atlantide* parut, en 1877, toute ruisselante des eaux qui la submergèrent avec ses géants et ses Hespérides. C'était le grand triomphe du poète, en même temps que le triomphe de la littérature catalane ressuscitée. Ce succès marqua la lumineuse borne de la grande période de la vie de notre poète, qui a rehaussé le ministère sacerdotal en faisant de la poésie un véritable sacerdoce, de l'art des trouvères un noble et saint apostolat.

Citons une dernière fois son biographe, le chanoine Jaume Collell, maître en Gai savoir. « Verdaguer est la vivante incarnation de la renaissance littéraire de la Catalogne. Il chante, non seulement parce que les rossignols sont faits pour chanter, mais surtout par ce qu'il sent, avec une véhémence inexprimable, l'amour de la Patrie catalane, qu'il voudrait voir chaque jour plus prospère et plus grande. » Écoutons-le :

> On voyait une perle luire
> Au fond, tout au fond de la mer.
> Un pêcheur la voit la désire,
> Et plonge dans le gouffre amer.
> L'onde lui résiste, qu'importe !
> Il arrive, il tient son trésor.
> A sa bien-aimée il l'apporte,
> Quand, à ses pieds, il tombe mort.
> Une autre perle, ô ma patrie,
> Dans l'onde aussi, je vais cueillir,
> Et vivre ou non peu me soucie,
> S'il m'est donné de te l'offrir.

Ces vers ne sont-ils pas un résumé éloquent de la vie austère et laborieuse de l'auteur de l'*Atlantide* ?

Nous sommes arrivés au point culminant de la vie du grand poète.

Après deux années de voyage par mer, Verdaguer est choisi par Messieurs Lopez comme aumônier de leur maison, charge qu'il exerça pendant quelque temps.

Puis vinrent les jours d'épreuves et de tristesses. Nous ne voulons pas approfondir. Ce que nous savons, c'est que le grand poète avait une petite charge de bénéficier de la chapelle de Saint-Antoine de Padoue, dans l'église de Belem de Barcelone ; ce que nous savons, c'est qu'il continua à être pauvre et malheureux jusqu'à sa mort.

Sans doute la Providence avait ses vues, elle qui, après avoir si largement départi au poète la gloire et les grandeurs, l'affligeait par les épreuves les plus amères.

N'est-ce pas à ces épreuves que nous devons le plus grand des poètes mystiques ?

Dans le courant du mois de mars, soit par suite d'un jeûne trop rigoureux, soit par excès de travail, Mossen Jacinto Verdaguer tomba sérieusement malade d'une affection pulmonaire.

La science, unie au dévouement, prodigua à l'illustre malade toutes les ressources de l'art médical. Un mieux sensible se fit sentir. Il fut même question d'envoyer le poète au *Sanatorium* de Vernet-les-Bains, au pied de ce Canigou qu'il avait si grandiosement chanté.

Le grand poète, pressentant sans doute sa fin prochaine, ne voulut pas quitter sa chère Catalogne et Barcelone la bien-aimée.

Grâce à la générosité de don Ramon Miralles, alcade de Sarria, son admirateur et son ami, le malade fut transporté, le 17 mai, à la *Villa-Joana*, sise à Vallvidrera, habitation princière, au milieu d'une nature enchanteresse.

Hélas! ce grand chantre de la nature mourra bientôt, au milieu des fleurs, à l'ombre des bois qui l'invitent à vivre. Il mourra devant ces montagnes de Montserrat, témoins de son amour et de sa foi et qui pleurent parce que l'incomparable troubadour de la Vierge n'est plus.

Le 10 juin 1902, à 5 heures ¹/₂ du soir, l'auteur de *l'Atlantide* avait cessé de vivre.

SES ŒUVRES

Nous allons essayer maintenant de faire connaître à grands traits, les œuvres du poète [1].

Nul doute que *l'Atlantide* soit l'œuvre maîtresse et capitale de Verdaguer.

C'est le récit d'un de ces grands châtiments dont Dieu se sert pour flageller la terre, l'engloutissement de ce continent que plusieurs géologues et naturalistes considèrent comme couché au fond de l'Atlantique.

Le poète en trouva la description dans un livre ascétique de Niérembert.

Un géographe éthiopien assez inconnu, Marcellus, auteur d'un livre sur l'Afrique intérieure, paraît avoir été le premier qui ait écrit sur l'Atlantide. C'est ainsi qu'on nommait ce continent submergé, souvent désigné aussi sous le nom d'*Ile des Atlantes,* ou *Ile Atlantique.*

[1] Pour cette analyse Monseigneur Tolra de Bordas a été mis à contribution par son ancien élève, qui conserve le pieux souvenir du meilleur des maîtres.

Solon en avait raconté l'histoire très étrange, et pourtant très véritable qu'il avait entendue à Saï de prêtres égyptiens, et se préparait à chanter le grand phénomène géologique de l'engloutissement de l'Atlantide, lorsque la mort glaça ses inspirations.

Le fait est également consigné dans Strabon et dans Proclus.

Les anciens auteurs, en grand nombre, ont parlé de l'Atlantide et admis son existence ; il suffira de citer Homère, Diodore de Sicile, Strabon, Plutarque, Pline, Pomponius, Méla, Arnobe.

Mais c'est surtout Platon qui a fixé l'attention sur cette contrée disparue. « Il survint de forts tremblements de terre et des inondations, et, dans le court espace d'une nuit, l'Atlantide s'engloutit dans la terre entr'ouverte. »

Ce récit de Platon a je ne sais quoi de saisissant pour notre génération qui vient d'être le témoin du désastre de la Martinique et d'une série de catastrophes qui ont épouvanté le monde.

Alors, comme aujourd'hui, la puissance et la justice de Dieu se manifestaient par de terribles avertissements. *Et nunc intelligite, populi.*

On comprend qu'un sujet si grandiose ait frappé l'imagination ardente de Verdaguer qui était dans le premier élan de la jeunesse lorsqu'il osa entreprendre cette œuvre colossale.

Le *Deus ecce Deus* des poètes s'était emparé de lui ; il ne pouvait plus résister.

« Qu'elles me parurent séduisantes, à l'ombre de leurs orangers, ces Hespérides, dont l'ancienne Grèce était éprise, et qui firent soupirer si tendrement la

lyre de ses poètes ! que le mont Pyrénéen dans les
flammes me parut effrayant ! Mais que de beauté, que
de charme je trouvai aux flots d'or et d'argent qui
s'épanchèrent de ses entrailles en fusion ! Comme je
me le représentai grand cet Hercule qui, pour faire
une tombe à Pyrène, prolongeait la chaîne de montagnes à laquelle elle donna son nom ; qui battait à
coups de massue les géants de la Crau, dans la Pro-
vence ; qui anéantissait Géryon, ainsi que le Lybien
Antée ; qui mettait en fuite épouvantées les Harpies
et les Gorgones ; et qui, pour dernier travail, ouvrait
une porte dans la montagne de Calpé, digne de la
Méditerranée, qui se répandit alors comme un fleuve
sur l'Atlantide, sa voisine ; sur l'Atlantide, ce pont-
levis que Dieu rompit, à une époque de corruption,
pour empêcher toute communication entre les mondes,
réunis de nouveau, dans le plus beau des siècles
modernes, par les bras titaniques de Colomb !

« Et celui-ci, renversant les colonnes du *Non plus
ultra* et déchirant le voile de la Mer Ténébreuse, me
parut le plus heureux couronnement du poème,
qu'avec trop de hardiesse j'osai entreprendre, commençant d'en écrire les premiers chants.

« Cent fois je voulus reculer, comme celui qui pénètre dans une caverne dont personne n'a encore sondé
la profondeur, affronté les abîmes ; cent fois je laissai
tomber, par une certaine défaillance, le monde de mes
pauvres inspirations, de toute la hauteur où je l'avais
porté, et, cent autres fois, comme Sisyphe, je remontai
vers la cime élevée ce lourd fardeau, si peu propor-
tionné à mes épaules de poète. Au milieu de cette
lutte terrible, dans laquelle, vainqueur ou vaincu, c'était
toujours moi qui recevais les blessures, l'état de ma

santé m'obligea de quitter l'air si doux du pays natal,
pour aller respirer celui de la mer, de cette mer qui
était une inconnue pour moi, mais qui me paraissait
moins amère depuis qu'elle berçait mes rêves enchan-
teurs, et que m'y appelaient, avec des chants mélodieux, d'agréables visions, toutes brillantes de jeunesse.

« Ses flots semblèrent caressants ou majestueux à
mes yeux éblouis, et dès que j'eus franchi le seuil de
mes chères montagnes, mon horizon poétique s'élargit
comme un ciel qui se dégage et s'illumine.

« Je vis Cadix, la ville aux cent tours d'ivoire ;
Abyla et Calpé, debout comme deux géants que la mer
aurait violemment séparés pour s'ouvrir un passage
entre leurs pieds de marbre. Je demandai au rude
Montgo et au cap Finisterre leurs légendes, presque
oubliées, comme les peuples qui les inspirèrent, au
Bétis et à la Guadiana les souvenirs des contrées
englouties à travers lesquelles ces fleuves devaient
prolonger autrefois leurs ceintures d'argent. Je priai
devant les cendres vénérées de Colomb qui, après
nous avoir fait don d'un continent, de sa tombe, hélas !
délaissée, semble nous garder encore la perle des
Antilles. Je côtoyai les Açores et les autres îles
Atlantiques qui, semblables à des pilastres du grand
pont écroulé, montrent encore leur front sillonné par
la foudre des vengeances divines.

« Dans tout cet espace que reconstituait mon imagination, je me figurais voir les Atlantes soulevant ces
roches et ces récifs et les lançant contre le ciel ;
j'entendais leurs hurlements ; je les voyais gravir ces
sommets, et puis rouler au fond des abîmes avec les
débris de leur tour pélasgique. Et faut-il le dire ? mon
poème s'acheva de lui-même, comme un de ces coquil-

lages que la mer rejette sur le sable, après l'avoir
longtemps poli et roulé. Plus ou moins arrondi, le
voici tel qu'il est.

« Aurais-je terni l'éclat de ces merveilleuses traditions, trésor des siècles, répandu, comme les perles sur
les plages espagnoles ? Les aurais-je gâtées ? Aurais-je
effeuillé ces fleurs cueillies au matin de ma vie, dans
les vallons et sur les coteaux de ma patrie ? Ah ! si
l'aigle m'avait prêté ses ailes puissantes ; si j'avais
possédé la chaîne d'or de l'inspiration des grands
poètes, de ces perles, si malheureusement tombées
dans des mains inhabiles, j'aurais fait à ma chère patrie
un collier de sultane, et, de ces fleurs et d'autres
encore mieux choisies, j'aurais couronné son front de
reine. Qu'elle me pardonne si j'ose déposer à ses pieds
l'humble poignée d'une glaneuse, auprès des gerbes
dorées du champ, toujours ensoleillé et béni de Dieu,
de sa littérature. »

O géant de la poésie catalane, tu étais digne de
traiter ce gigantesque sujet. Offre à ta patrie, que tu
aimes comme une mère, ton précieux manuscrit tout
imprégné encore des émanations salines des flots, de
l'odeur du goudron et de l'algue marine, et l'Espagne
tressaillira devant cette merveille d'un monde poétique
nouveau, comme elle tressaillit autrefois à la nouvelle
de la découverte du Nouveau-Monde par Christophe
Colomb, comme tressaillit Rome à l'apparition de
l'*Enéide* de Virgile, et, comme autrefois, le monde
étonné s'écriera : *Nescio quid majus nascitur Iliade.*

Deux grandes idées ont donné naissance à l'épopée
catalane : d'abord un tableau préhistorique (pour
parler le langage moderne), tracée à la lumière des

2

antiques traditions ; le mythe d'Hercule mis en action ; le voyage du héros depuis les Pyrénées incendiées (où il reçoit de Pyrène mourante le sceptre des Espagnes, qui lui sera disputé par Géryon), jusqu'au roc de Calpé, s'ouvrant aux coups de sa massue, mise en mouvement par le Seigneur, et donnant passage aux eaux de la Méditerranée qui, « comme de blancs coursiers sans frein », se précipitent dans le continent atlantique et le submergent ; la dernière heure de ce monde mystérieux dont la souveraine Hespéris, sauvée par Hercule, est transportée en Espagne, où elle devient la mère des héros légendaires, fondateurs des principales villes et souverains à leur tour de diverses contrées qui conservèrent leurs noms. Voilà l'objet des dix chants du poème de Verdaguer, précédés d'une *Introduction* où nous apparaît Christophe Colomb et d'un *Épilogue* ou conclusion où se révèle définitivement le conquérant du Nouveau-Monde, prêt à partir pour des plages inconnues.

Telle est l'œuvre épique et lyrique de Jacinto Verdaguer.

Voici le titre des chapitres : *Introduction. — L'incendie des Pyrénées. — Le Jardin des Espérides. — Les Atlantes.— Gibraltar ouvert. — La Cataracte.— Hespéris. — Chœur des Iles grecques. — L'engloutissement. — La Tour des Titans. — La Nouvelle Hespérie* (Ballade de Majorque). — *Conclusion. — Colomb. — Rêve d'Isabelle.*

Ce poème de la mer fut écrit sur la mer, « pendant les grands calmes, quand la mer immobile blanchissait au lever du soleil ou rougissait à son coucher ; quand le navire filait sous son noir panache, ou lorsqu'il bondissait, éperdu, secoué, craquant dans toutes ses membrures, se plongeant dans le creux des vagues ou gravissant leur crête et la tranchant de l'avant au milieu de flots d'écume [1]. »

L'apparition de l'*Atlantide* fut accueillie avec un véritable enthousiasme.

Le rapporteur des Jeux floraux de Barcelone (1877) constate que la flamme du génie brille dans ce poème, depuis le commencement jusqu'à la fin et que certains passages enivrent et transportent par la sublimité qu'ils révèlent. Un des mainteneurs ayant récité trois passages choisis, les applaudissements et les acclamations dépassèrent tout ce qu'on avait vu depuis la restauration des Jeux floraux et le public ne se lassait pas notamment de faire répéter le *Rêve d'Isabelle*.

A la réunion de la Société de Catalanistes la lecture de quelques fragments de l'*Atlantide* provoqua un enthousiasme frénétique dans toute l'assistance. Le Président et quelques autres académiciens se levèrent, allèrent chercher l'humble prêtre, qui persistait à rester confondu dans la foule, l'amenèrent malgré ses résistances, et l'obligèrent à occuper le fauteuil de la présidence, où deux jeunes gens de Vich vinrent lui offrir une couronne d'argent.

Une Société lyrique-dramatique se forme, dans le courant de l'année, sous le nom de l'*Atlantide*.

La célébrité du poète et de son œuvre traversa vite les mers et l'on vit publier à Buenos-Ayres une édition spéciale de l'*Atlantide*.

A son passage à Barcelone, l'empereur du Brésil, Pierre d'Alcantara, voulut visiter dans sa demeure Jacinto Verdaguer.

A Rome, le grand poète fut l'objet d'une attention

[1] Comte de Toulouse-Lautrec (*Correspondant* du 10 août 1884).

particulière de Sa Sainteté Léon XIII qui, en lui
faisant don d'une belle médaille, lui parla de son
poème avec éloge, le priant de le lui envoyer. .

Quelques jours après ce beau volume était offert au
Pape avec le distique suivant :

> *I liber, i felix, Magnum visure Leonem*
> *Si qua tibi est laudis, summa sit ista tuæ:*

Verdaguer ne sera pas ingrat et il dédiera au Vicaire
de Jésus-Christ un de ses plus beaux poèmes mystiques, le *Songe de Saint-Jean.*

Les esprits délicats et les hommes de goût admi-
raient dans l'*Atlantide* la grandeur du sujet, la beauté
originale de l'exécution, et l'infinité de détails tous
plus brillants les uns que les autres dont sont émaillés
les dix chants de ce poème.

Dans le monde des lettres on n'avait qu'une voix
pour proclamer cette œuvre une œuvre maîtresse et
son auteur un poète de race.

Trois éditions, rapidement épuisées, firent pénétrer
et goûter l'œuvre de Verdaguer au-delà des Pyrénées
et au-delà des mers. L'*Atheneum* de Londres et la
Revue générale de Bruxelles donnèrent de l'*Atlantide*
un compte rendu sérieux et flatteur ; et le R. P. Martinov, savant jésuite russe, envoya ses plus chaleu-
reuses félicitations au poète catalan, voulant que son
poème se trouvât dans les bibliothèques de tous les
collèges de la Compagnie de Jésus.

Depuis Milton, nous dit Mistral qui avait prophétisé
l'avenir du jeune poète, depuis Milton (dans son
Paradis Perdu) et Lamartine (dans la *Chute d'un
Ange)*, personne n'avait traité des traditions primi-
tives du monde, avec tant de grandeur et une telle

puissance. La conception de l'*Atlantide* est colossale
et son exécution est resplendissante.

M. le comte de Puymaigre déclare, avec sa haute et
légitime autorité, que si Verdaguer se montre poète
par le plan de son œuvre, il se montre plus poète
encore par la manière dont cette œuvre est écrite : il
a un langage éclatant, une grande richesse d'images.....
Il y a là comme des échos de Camoëns et du Tasse.

Monseigneur Tolra de Bordas qui, le premier, a
révélé l'*Atlantide* à la France, nous dit que le poème
de Verdaguer est vraiment une œuvre gigantesque et
Titanique. S'il lui était permis, sans témérité, de
trouver des ancêtres à l'auteur et de désigner les
sources où il a puisé, sans peut-être s'en apercevoir et
en restant lui-même, il dirait que l'*Atlantide* procède
à la fois de l'Apocalypse et de Michel-Ange, de
Lucrèce et Milton, de Dante et de Camoëns. Nul
encore, depuis Homère et Hésiode, n'avait osé dérouler
ces scènes hardies et majestueuses, dans lesquelles le
poète, appelant l'antique mythologie à l'appui de la
catastrophe géologique qui forme le grand sujet du
poème, nous montre les Titans en lutte avec Hercule
et s'efforçant d'escalader le ciel.

« Verdaguer est un de ces merveilleux artistes de
la forme qui s'entendent à donner à la poésie les
couleurs de la peinture et les harmonies de la musique,
montrant ainsi à quel point la langue humaine peut
devenir un miroir fidèle de la réalité et la magnifique
expression de l'idéal.

« A ce point de vue, l'*Atlantide* est un grand monument poétique et une gloire légitime de la littérature
catalane[1]. »

[1] Manuel de la Revilla.

La virilité et la grâce, personnifiées dans Hercule et dans Hespéris, telles sont les deux qualités maîtresses du poème de l'*Atlantide*.

L'*Atlantide* est une résurrection glorieuse de l'art grec : tout y est lumière, harmonie, proportion et beauté ; c'est une œuvre d'art avant tout et par dessus tout.

La fille bien-aimée du poète a la forme des vierges grecques et la sève des chênes centenaires de nos montagnes.

Verdaguer est un des artistes les plus purs qui aient existé ; il n'a eu d'autre but que la Beauté, prenant toujours celle-ci dans le sens le plus noble et le plus élevé.

L'*Atlantide* est plus que l'œuvre d'un poète, c'est l'œuvre d'un grand peintre, d'un grand musicien. Elle renferme des merveilles de coloris et de lumière, des tableaux de vie exubérante et prodigieuse, en même temps que d'un art plastique parfait. Elle contient des mélodies d'une suave fraîcheur, des harmonies sonores et fortes, des contrastes effrayants et barbares.

Nos lecteurs pourront juger eux-mêmes de ce grandiose poème par les extraits que nous mettons sous leurs yeux, si toutefois il est possible d'apprécier par quelques fragments de pierre, un immense monolithe dont les assises reposeraient sur la terre et dont le sommet toucherait au ciel.

L'ENGLOUTISSEMENT DE L'ATLANTIDE

Les Fils d'Atlas lui ressemblèrent par la taille et la force, mais leur cœur fut fragile comme une coupe de verre. Après avoir renversé les royaumes et les trônes, ils crurent pouvoir escalader impunément celui de Dieu.

Une nuit, le tonnerre et la mer rugirent : comme une feuille de tremble aux mains de Borée, l'Europe trépida. Eveillée à l'aube du jour par la secousse et les os craquant d'épouvante, elle ne vit plus auprès d'elle le continent frère.

Où es-tu? Atlantide, où es-tu? Mais hélas! à cette même place où la belle captivait les cœurs, la mer répondait: cette nuit je l'ai engloutie: place! Entre les continents je veux toujours me coucher. Malheur à eux si je me lève encore pour élargir mon lit!

Le Tout-Puissant appesantit sur elle sa gauche écrasante et la mer, d'une lampée, engloutit le cadavre; seul le Teyde resta debout, doigt de sa main de fer qui semble dire aux hommes : Là fut l'Atlantide!

Quand l'ouragan bat de ses ailes l'abîme sombre, j'entends dans le dialogue des mers résonner sa voix profonde, affreux gémissements que lui arrache encore le cataclysme, et aux terres qui furent ses sœurs, elle crie: Adieu!

Dieu des vengeances, donne le souffle à mon chant et je dirai la catastrophe terrible qui, la coulant à fond, fit rompre leurs digues à la vaste Méditerranée et au vaste Atlantique pour séparer les mondes!

Comme une digue qui se rompt, les nuages éclatent; les cieux sont sillonnés de météores fulgurants et de couleuvres de feux; et sous le poids des vagues entassés sur les vagues, l'Atlantide sent plier ses jarrets comme des faisceaux de roseaux.

Et se déchargeant sur elle, les colères de l'Eternel, terribles comme jamais, foulent aux pieds son front et son cœur, tandis que se suspendant comme des chauves-souris à ses pieds de roche, les génies de l'Arverne la traînent dans l'abîme.

Par les cimes des puys et des montagnes, comme des taureaux qui n'ont pas de barrières, se poussent les vagues de la puissante Méditerranée, entraînant d'autres cimes et d'autres montagnes que dans leur course elles roulent sous leurs coups sans même leur dire : Faites-nous place!

De l'autre part de l'Atlantide, au mugissement titanique de cette mer, furieuse dans son lit, la mer du Ponant répond: et, pour briser l'enceinte colossale de ces cimes, par cent et par mille, elle pousse contre elle ses montagnes d'eau roulantes.

Leurs eaux se confondirent avec leurs eaux; avec des éclairs pour flambeaux; les tonnerres et les éclats du ciel, de la terre et des enfers pour musique, entre les îles et les forêts flottantes, ils s'unirent d'un lien éternel.

Quand Dieu brisera le monde, ainsi l'on verra errer ses lambeaux, parmi les dépouilles, l'horreur et la solitude, le soleil caduc chercher à tâtons ses blonds cheveux et la mort frapper à la bière de ses victimes.

Mais la parole de l'Ange, dominant le fracas, jette plus de furies et plus d'éclairs sur la grande victime. Montez ceux du Nord ; descendez ceux du Midi ; hardi sur elle ! accourez fauves, et à coups de dents, enlevez ses morceaux.

Et avec le fouet flamboyant de son épée rutilante, il les poursuit, il les aiguillonne : chaque étincelle est un éclair ; et le royaume qui s'engloutit, le bourg qui s'embrase, se confondent dans un seul mugissement avec ceux de la mer, des nuages, du ciel et de la terre.

..... Les Atlantes s'approchant de la coupole étoilée des astres pour s'y cramponner, élèvent leurs crocs de géants.

— Où est-il ? s'écrient-ils comme des démons, où est-il ? Pourquoi se cache-t-il ? Il n'a plus ni mort pour nous tuer, ni terre pour nous ensevelir ; s'il compte sur la foudre destructrice, qu'il ne la montre point, nous irions, malheur à lui ! l'arracher de ses mains.

Dieu écoute, et arrête l'étincelle qui descend de la cime pour réduire en cendre ces tisons de l'enfer. Eux qu'une haine sacrilège anime seule, demandent à la mer des armes de mort contre l'Eternel.

Effrayés ils reculent, mais entendant au-dessus d'eux éclater le souffle tempétueux de l'Archange, ils se lancent tête en avant, quand l'abîme, tout joyeux de s'emplir d'une fournée, ouvre sa gorge plus large.

D'une gorgée, il dévore cité, sommets, Atlantide et Atlantes, boue, écume, baleines et oiseaux, et dans un épouvantable tourbillon d'enfer, le torrent de villes, de garrigues, de vaisseaux et de rochers.

L'épaisse tempête refoulée s'y engouffre, avec le tourbillon qui luttait en roulant avec les flots ; si le monstre ouvre de nouveau la bouche, la mer se desséchera, et il ne restera plus que les astres à lui donner par morceaux.

L'épée s'y enfonce et change le gouffre en un Vésuve qui à tout moment flamboie et ulule d'une voix plus rauque. Il en monte la colonne rasante d'un déluge de feu que ni eau ni décombres ne peuvent étouffer.

Alors le Génie remet dans le fourreau son épée destructrice. Comment il donna le coup terrible, mes lèvres ne savent le dire; sa voix de tonnerre pourrait seule le conter, sa voix que le monde n'entendra plus jusqu'à la fin.

Cependant l'Empirée chante ses hymnes de triomphe, berçant sur ses ailes harmonieuses le monde en extase : « Qui vous égale, ô grand Dieu? L'Atlantide monte à la gloire par des escaliers de montagnes : vous tonnez, elle n'est déjà plus.

Mais déjà l'aube, semant à pleins corbillons perles et lis, comme une tendre mère, conduit par la main le soleil naissant, et à son doux baiser, enflammés et enguirlandés d'iris, les nuages de l'Occident se dissipent dans les airs.

Entre eux deux Anges gracieux et blonds se rencontrent : l'un monte en pleurant, l'autre descend tout riant : — O douleur ! j'étais l'Ange des royaumes qui s'engloutissent ! — Moi, répond l'autre, je suis l'Ange du royaume qui naît de leurs ruines.

RÊVE D'ISABELLE

Portant la main à son front, un sourire d'ange sur les lèvres, elle dit gracieusement à Ferdinand en tournant vers lui son doux regard :

Aux premières clartés de l'aube, j'ai rêvé d'une colombe: hélas! mon cœur rêve encore que ce songe était la vérité.

Je rêvai que l'Alhambra more m'ouvrait son cœur, nid de perles et d'harmonie suspendu au ciel de l'amour.

Au dehors soupirait la troupe légère des houris : on entendait le harem résonner du chant des anges purs du paradis.

M'inspirant de ces marbres, je te brodais un riche manteau, quand je vis sautiller, entre les arbres verdoyants, un gracieux oiseau.

Sautillant, sautillant sur la mousse, il vint me donner le bonjour : son ramage était doux, doux comme le miel du romarin.

Enchantés par son gracieux message, je me laissai ravir le riche anneau, ton anneau de fiançailles, joyau fleuri de l'art moresque.

Petit oiseau aux blanches ailes, lui dis-je, pour l'amour de moi, ne va pas, en sautillant sur les branches, perdre mon cher trésor, hélas !

Mais lui prit son vol dans les airs et mon cœur s'envola avec lui. O mon anneau aux cent facettes, jamais tu ne m'avais paru si beau !

Pas à pas, au bout du monde, je le suivis jusqu'à la mer, et lorsque je fus au bord de la mer, je m'assis tristement et je pleurai.

J'allais le perdre de vue, mais alors, comme il scintilla ! On eût dit de la brillante étoile du matin qui en se levant se couchait.

Soudain il laissa tomber l'anneau d'or dans les vagues du couchant et j'en vis surgir, comme un essaim de sylphides et d'ondines, des îles fleuries.

Aux feux du midi, elles brillaient comme des émeraudes et des rubis ; petit ciel de poésie ouvré par la main des séraphins.

Et l'oiseau, chantant un hymne de fête, m'a tressé une guirlande : il en couronnait mon humble front, quand la joie m'a réveillée.

Cette colombe, c'est celui qui nous parle, messager qui nous vient de Dieu : cher époux, nous les découvrirons ces belles Indes de mon cœur.

Prends mes bijoux, Colomb, achète, achète des navires ailés : je me parerai de simples violettes et de bluets.

Elle dit, et de ses mains de neige elle se dépouille de ses anneaux et de ses boucles d'oreilles comme le ciel égrenne ses perles : il rit et pleure d'allégresse tandis que, en harmonie avec son cœur, des perles bien plus précieuses glissent des yeux d'Isabelle.

En même temps, le soleil pénètre dans l'Alhambra et de ses rayons amoureux emplit la salle tapissée d'or, de topazes et de saphirs. Se brisant dans une réfraction trompeuse, l'auréole de gloire les entoure tous les trois, ombre des élus du paradis.

Colomb trouve des caravelles, et comme il affronte magnanime, sur leurs ailes grossières, l'Océan sombre, l'humanité le traite de *fou ;* lui, le Génie qui la conduisait, dans son vol vers la terre promise rêvée, comme Moïse à travers les eaux de la mer Rouge.

Le sage vieillard (le même qui l'accueillit après le naufrage) qui l'aperçoit d'un sommet sent son cœur vibrer comme une lyre ; il voit l'Ange d'Espagne, gracieux et beau, qui de ses ailes d'or couva Grenade, les étendre aujourd'hui par le firmament, et la vaste terre les prendre pour manteau.

Il voit dans un autre hémisphère, avec l'empire espagnol, provigner l'arbre de la Croix, le monde refleurir à son ombrage et la sagesse du Ciel s'incarner en lui, et il dit à celui qui grandit à ses yeux... Vole, Colomb, maintenant je puis mourir !

Quel charme délicieux, quelle éblouissante fascination, après les horribles et effroyables scènes de l'engloutissement où l'on voit se dérouler comme des visions du jugement dernier !

Verdaguer est vraiment le poète, nous pourrions dire le peintre des grands contrastes.

L'arc-en-ciel apparaît toujours après les sombres couleurs de l'orage ou de la tempête.

Nous devons exprimer le regret de ne donner qu'une traduction au lieu du texte même du poète dans cette incomparable langue catalane, « la plus riche, la plus belle, la plus énergique de toutes les langues [1] ».

Ce n'est plus l'original d'un tableau de maître, ce n'en est qu'une pâle et imparfaite copie ; c'est un coucher de soleil au lieu du plein midi.

L'étude du catalan est relativement facile pour ceux qui connaissent le latin. Nous en avons fait l'expérience.

Le célèbre académicien Raynouard affirme que « le catalan est au premier rang des autres langues de l'Europe latine, parce qu'il fournit, presque toujours, le mot identique avec celui de la langue des troubadours, tandis que ce mot est parfois diversement modifié dans les autres langues néo-latine. »

On ne saurait dire combien la langue harmonieuse

[1] Monseigneur de Carsalade du Pont (Lettre à Mossen Alcover vicaire-général de Majorque, au sujet du Dictionnaire catalan).

et pittoresque, énergique et expressive des Catalans, se prête docilement aux belles images, aux descriptions grandioses, comme aux chants tendres et gracieux.

Il était tout indiqué que Jacinto Verdaguer, qui a si bien mérité d'être appelé le poète de la nature, après avoir chanté la mer dans sa grandiose épopée de l'*Atlantide*, se laissât entraîner, dans une irrésistible attraction, à chanter les montagnes qui sont des témoins les plus majestueux de la puissance de Dieu.

> Jéhovah de la terre a consacré les cimes
> Elles sont de ses pas le divin marchepied.
> C'est là qu'environné de ses foudres sublimes
> Il vole, Il descend, Il s'assied [1].

Comme le prophète, s'il trouvait Dieu admirable dans les élans de la mer, il ne le trouvait pas moins admirable sur les hauteurs, *mirabilis in elationes maris, mirabilis in altis Dominus.*

Dans l'*Atlantide* nous sommes en présence du grandiose. Dans le poème du *Canigou*, ce sont les grâces, les charmes, les enchantements, les fascinations de la poésie qui dominent et qui ravissent. Là vibrent toutes les notes de la grande lyre du poète.

« Son rythme se plie avec une facilité merveilleuse à toutes les exigences ; il gronde avec la tempête, mugit avec les torrents, bondit avec la cascade, siffle avec les vents, soupire avec la brise, murmure avec le ruisseau, bourdonne avec l'abeille, bruit avec l'insecte caché dans le calice des fleurs. Les spectacles variés que la nature étale aux regards de l'observateur, loin de le fatiguer, le fixent, au contraire, et le fascinent ; tels les tableaux de Verdaguer : l'œil ne s'en

[1] De Lamartine (*Méditations poétiques*).

détache qu'à regret et avec le désir de les revoir encore[1] ».

Le poète, qui excelle dans le genre descriptif, va nous dire les beautés et la majesté de ce Roi des Pyrénées :

« Sur la montagne de Canigou les amoncellements de neige apparaissent comme le blanc sourire de ce majestueux roi de la contrée, assis sur son trône éclatant des Pyrénées et couronné par l'hémisphère céleste comme d'une tiare de fleurs. La montagne elle-même fait l'effet d'un magnolia gigantesque entr'ouvrant les blancs pétales de sa couronne. Ses abeilles sont les fées qui vont et qui viennent sur ses flancs ; les cygnes et les aigles sont ses papillons. Son calice est formé par des rochers découverts, qu'argente l'hiver et que dore l'été, coupe majestueuse où l'étoile vient aspirer de suaves parfums, qui donne à l'air de l'humidité et de l'eau aux nuages. Les massifs de pins sont ses aigrettes, les Estagnols (petits étangs) sont ses gouttes de rosée, et son pistil est ce palais éclatant d'or, rêve de fée descendue du ciel.

« Cinq rivières coulent de cette montagne majestueuse, cinq rivières d'eau vive qui ne roulent que de la glace et des perles, et dont les ondes écumeuses arrosent le Roussillon : c'est ainsi que les plus belles étoiles épanchent leurs rayons dans le jardin du ciel.

« On croirait voir cinq ruisseaux d'eaux embaumées couler des cinq goulots de cristal d'un immense arrosoir que, du milieu de ces cimes, élève et décante le géant pyrénéen, comme on voit, sur la place, les *pabordesses*[2] répandre sur les danseurs ses eaux parfumées.

[1] Chanoine Boixéda (Avant-Propos, *Le Songe de saint Jean*).
[2] Jeunes filles désignées pour ouvrir le *ball* sur la place publique.

« Ce géant aux larges épaules laisse s'amasser là, pendant l'hiver, les nuages, les tourbillons et les tempêtes. Le romarin et le genêt y servent de nourriture aux troupeaux, dispersés çà et là, dans les vides que forme son brillant vêtement, dont chaque pli abrite un village:

« Les nuages se déchirent et la vue s'agrandit à mesure qu'on monte de terrasse en terrasse. Dès l'aurore le Canigou se montre couronné de rayons d'argent filés avec un écheveau de neige ; mais bientôt ces rayons apparaissent d'or. L'étoile du matin lui donne son dernier baiser, avant de se perdre dans un nuage doré, comme un brillant au milieu de cheveux blonds.

» Lorsque, chaque matin, le soleil sort de son berceau d'écume, il forme de son premier rayon une couronne au roi du Roussillon. Pendant le jour, tout contribue à enrichir son manteau par l'éclat de la lumière et des pierreries, et en se couchant du côté de Maranges, l'astre brillant dépose encore un baiser sur le front du Canigou.

« Il n'y a pas de reine au monde qui ait un plus beau trône. Les nuages eux-mêmes viennent humblement baiser ses pieds.

« Montagnes délicieuses que celles du Canigou ! On les voit en fleurs toute l'année, en automne comme au printemps ».

Après nous avoir fait admirer le Canigou dans toute sa grâce et sa rayonnante majesté, le poète, nous allions dire le peintre, complète le tableau par des ombres qui le rendent plus saisissant encore.

« La tempête a ébranlé la cime du Canigou, comme un volcan qui éclate. D'énormes blocs de glaces se dressent et s'entassent après avoir été arrachés à leur glacier par l'aile puissante de la bourrasque, avec un bruit sourd semblable à celui que fait la roue massive sur les gerbes de l'aire quand les chevaux sont affolés. Voilà que les arbres de la forêt sont ébranchés, comme la vigne quand elle est émondée ; des rocs énormes sont violemment déplacés, et, jetés au loin, roulent et se brisent avec un fracas qui fait trembler le sol. Les massifs des forêts, devenus le refuge des Furies, se demandent si le Canigou se détache comme un rejeton du trône des Pyrénées, avec ses sommets neigeux et ses assises de marbre ».

La scène change : c'est un dernier décor, c'est le suprême ravissement.

« On voyait sourire la montagne dans tout son éclat, comme si elle eût revêtu pour la première fois son brillant manteau de verdure ; elle apparaissait semblable à une nouvelle mariée parée de ses joyaux, et ses blancs tapis de neige s'épanouissaient comme les fleurs de l'oranger nouvellement écloses.

« Ce qu'un siècle avait élevé, un autre siècle le renverse. Mais le monument qui est l'œuvre de Dieu demeure indestructible : aussi ni la tempête, ni le tourbillon, ni la haine, ni la guerre, rien ne pourra déraciner le Canigou, rien ne pourra mutiler le Pyrénée ».

N'allez pas croire que toutes ces descriptions soient de pure fantaisie, un effet de l'imagination ardente de Verdaguer. « Il connaît à fond notre beau Roussillon. Dans la plaine aussi bien que dans la montagne, il n'y a pas un site qu'il n'ait visité, pas une vallée qu'il n'ait explorée ; pas un bois, pas un ravin où il n'ait pénétré, pas un sommet qu'il n'ait gravi, pas un pic, pas un rocher, qu'il n'ait escaladés ; pas un sentier, enfin, qu'il n'ait foulé. Il sait notre histoire, nos légendes, les contes même et les récits de nos foyers, aussi bien qu'aucun de nos vieillards [1] ».

C'est l'alpiniste le plus intrépide et les clubs alpins devraient inscrire son nom parmi les plus célèbres. Il l'a été même au péril de sa vie et de sa liberté. Aucun excursionniste n'a tiré autant de profit que lui de ses voyages et de ses excursions, décrivant les contrées qu'il visite avec les plus belles couleurs de sa riche palette.

Un jour il est arrêté dans une de ses excursions par les douaniers français qui ne le relâchèrent que sur l'exhibition de la fameuse *Ode à Barcelone,* orné du portrait du poète et déjà connue des deux côtés des Pyrénées.

Une autre fois, à l'ascension de la Maladetta, il voit disparaître son guide dans une crevasse de la montagne et lui-même peut à peine se sauver en se cramponnant aux rochers suspendus sur la pente de l'abîme.

« Au pied de ce sapin olympique de la montagne (Maladetta), les Albères sont des saules, Carlit est un roseau, et le Canigou un jeune rejeton. Ce mont servirait facilement d'échelon à l'ange pour remonter aux cieux, de trône à Jéhovah lui-même. Il est comme le général de cette armée rangée en bataille.

« Au premier baiser du soleil, on voit briller son heaume et sa cuirasse, l'un formé de neiges éternelles, l'autre d'un immense glaçon large de deux lieues sur quatre ou cinq de longueur ; les nuages qui flottent sur ses épaules sont ses papillons volants, et ce tableau, où les ténèbres jouent avec la lumière, l'encre avec le

[1] Justin Pépratx (*Le Passant,* 20 janvier 1886).

feu, a pour cadre le firmament. Le séraphin volant au milieu des étoiles replie parfois ses ailes et vient à son tour s'y reposer ».

Défiant tous les périls, le poète a parcouru la chaîne des Pyrénées, il a gravi les sommets sourcilleux du Canigou, il a recueilli les échos de ces montagnes, n'ayant souvent pour unique compagnon que son bréviaire et quelques feuilles de papier où il notait ses impressions.

Après avoir tiré du fond de l'Atlantique un continent englouti pendant des milliers d'années, il a fouillé dans les entrailles des Pyrénées, et sur le fond d'une légende des plus dramatiques il a brodé les plus vivants tableaux en arabesques fleuries.

Voici les grandes lignes, nous allions dire les grandes arêtes du « Canigou » : *Le Pèlerinage. — Fleur-de-Neige. — L'Enchantement. — Les Pyrénées. — Taille-fer. — Les Fiançailles. — Désenchantement. — La Fosse du Géant. — L'Enterrement. — Guisla. — Oliva. — La Croix du Canigou. — Épilogue.*

C'est la fête de Saint-Martin du Canigou. Les deux frères Guifre, comte de Roussillon, et Taillefer, comte de Cerdagne y assistent avec Gentil, fils de ce dernier qui demande à être armé chevalier, ce qui a lieu le lendemain dans la chapelle de l'ermitage. A la fin des danses, Griselda, la reine de la fête, vient offrir sa couronne au nouveau chevalier dont elle est aimée, mais les jeunes gens sont comme pétrifiés par un regard sévère de Taillefer. Tout à coup on signale la présence des Maures à Elne. Le comte de Cerdagne part pour Port-Vendres, tandis que Guifre reste au château d'Arria avec son neveu.

Les gens du comte Guifre y font leurs préparatifs de guerre. Gentil contemple les blancs linceuls de neige qui couvrent les hauteurs de la montagne et qui, au dire de son écuyer, ne sont autres que les manteaux des Fées de ces lieux, talisman plus puissant que les épées les mieux trempées.

Dans son fol enthousiasme, et comptant être de retour à l'aube, il abandonne son poste et gravit les sommets jusqu'à ce qu'il arrive au palais enchanteur de la Fée auquel le génie descriptif de Verdaguer prête les plus vives couleurs. Gentil se laisse fasciner par la reine de ces lieux, Fleur-de-Neige, qui a pris les traits de Griselda. Il oublie ses devoirs de chevalier auprès de l'enchanteresse et bientôt celle-ci l'emporte dans son char aérien pour lui faire admirer son royaume.

Le poète mêlant admirablement la réalité à la fiction nous fait parcourir, à vol d'oiseau, toute l'imposante cordilière, entremêlant avec art les vieilles légendes à la description saisissante de ces hauteurs. C'est là que se trouve la *Maladetta* (le mont maudit), ce diamant lyrique si heureusement enchâssé dans le poème, comme ont été enchâssées dans l'*Atlantide* la Ballade de Majorque et le Rêve d'Isabelle.

Le VIe chant nous prépare aux fiançailles de Fleur-de-Neige avec le jeune chevalier. Chacune des fées apporte et décrit un présent destiné à Gentil.

Pendant que Fleur-de-Neige va se parer pour ses noces, les fées chantent quelques scènes ou légendes du pays, entr'autres le *Passage d'Annibal*, strophes lyriques de la plus grande beauté, auxquelles succède l'hymne d'amour de Gentil qui laisse percer de noirs pressentiments... Ce chant est subitement interrompu par

l'arrivée de Guifre, qui paraît tout à coup sur les
hauteurs. Aussitôt qu'il aperçoit son neveu qu'il cher-
chait plein d'anxiété depuis trois jours, et qui, désertant
son poste, est devenu le jouet des fées, échangeant
l'épée de ·chevalier contre la harpe du ménétrier,
Guifre ne se contient plus ; il renverse l'infortuné
Gentil, qui va rouler dans les fondrières de la montagne : la jeune victime tombe aux pieds de Fleur-de
Neige qui vient de revêtir ses plus beaux atours.....
Ce chant se termine par la douleur et le désespoir de
la Fée.

Le poète qui, dans le Vᵉ chant, nous a raconté les
prouesses du comte de Taillefer, tombant comme une
avalanche sur les Maures débarqués à Collioure,
luttant désespérément contre la supériorité du nombre,
finalement atteint par une flèche et fait prisonnier sur
les galères africaines, dont l'incendie délivre tous les
captifs chrétiens, le poète nous fait assister, dans le
VIIIᵉ chant, aux prouesses du comte Guifre qui, hon-
teux et affolé de son crime, jette les yeux sur Collioure
en errant sur la montagne ; il devine que son frère
a brûlé les vaisseaux des Sarrasins, précisément lorsqu'il
donnait, lui, la mort à son fils... Les Maures, poursuivis
et acculés, fuient vers la Cerdagne ; mais Guifre les
attend et leur barre le passage, en engageant une
terrible lutte avec Gédhur, leur chef, à qui il donne la
mort.

« Il pique son destrier et court droit au géant, sa
main armée de la lance et le bouclier à son bras. Ils
fondent l'un sur l'autre comme deux oiseaux de proie,
ou plutôt comme deux vaisseaux qui se heurtent, au
milieu des vagues de guerriers... Les lances se croisent

dans l'air et volent en éclats. L'un arrache son épée, l'autre tire son cimeterre, et ils se mordent, en se poursuivant, éclatants de fureur : on voit jaillir des gouttes de sang avec les étincelles.

« L'arme du Sarrasin cherche la tête du comte et se lève déjà sur lui ; si elle l'atteint, elle va fendre en deux, du haut en bas, non seulement le corps du bon chevalier, mais sa cotte de maille de fer, son heaume doré, ses armes et la selle, enfin le cheval et le cavalier. Mais Guifre veille et ne saurait être surpris : il pare et détourne le terrible coup ; et, avant que le Maure ait eu le temps de relever son arme et son bras, il lui enfonce son épée qui le traverse de part en part. Gédhur tombe ; et aussitôt, comme lorsqu'un sapin abattu roule de rocher en rocher sur la montagne, toute la vallée semble s'ébranler avec un grondement sourd.

« Depuis que le Maure est tombé, il y a quelque neuf cents ans, bien des armées ont foulé et ravagé ce sol, mettant tout à feu et à sang ; ces lieux ont vu passer bien des ours, des chèvres et des isards, bien des étés avec leurs orages et leurs grêles, bien des hivers avec leurs neiges, leurs torrents et leurs avalanches ; et toujours on appelle ce lieu la *Fosse du Géant*. »

Au IXᵉ chant nous assistons à la rencontre des deux frères, en présence du cadavre de Gentil retrouvé.

« Ils voient à leurs pieds, mort et sans rejetons, le plus beau laurier de la laure, dont les yeux bleus, qui naguère éclairaient un si gracieux sourire, n'ont plus de regard et ne provoquent que des larmes.

« Ils voient inanimé, sans couleur et sans vie, ce corps qui se balançait comme un palmier fleuri, sous les douces caresses du zéphyr, et la belle fleur de Besalue flétrie lorsqu'elle commençait à peine de s'ouvrir aux rayons du soleil. »

Guifre avoue qu'il est le meurtrier : aussitôt Taillefer lève l'épée contre son frère ; mais celui-ci, protégé par leur frère Oliva, abbé de Ripoll, peut se réfugier dans l'église de Saint-Martin, où il se jette aux pieds de l'homme de Dieu, qui prononce sur lui les paroles de l'absolution, au moment même où Taillefer parvient à forcer l'entrée du sanctuaire... l'épée lui échappe des mains, et les deux frères tombent à genoux en s'embrassant au pied de la croix. On procède à la cérémonie funèbre et Guifre déclare qu'il ne quittera plus cette montagne, où il construira un monastère pour y achever ses jours auprès de la tombe de Gentil.

Le genre pastoral, dans ce qu'il y a de plus gracieux, brille dans le X⁰ chant, sentiment plus délicat et plus tendre qui contraste avec les sentiments virils et qui dominent dans plusieurs chants de poèmes. L'idylle l'élégie s'y confondent dans une harmonie dont notre poète catalan semble avoir trouvé le secret. Les adieux de Guifre à Guisla son épouse, et la rencontre de cette dernière avec Griselda, devenue folle, forment un épisode qui, loin de paraître un hors-d'œuvre, complète le nœud et aide au dénouement.

Dans le XI⁰ chant, le poète livre son essor à son génie descriptif : mais il ne s'agit plus de montagnes à peindre, ni de combats à raconter. Il y a là des descriptions qui, pour être en quelque sorte artistiques, ne cessent pas d'être attrayantes et colorées, comme

le tableau du nouveau monastère de Saint-Martin, et
l'esquisse épisodique de celui de Notre-Dame de
Ripoll. Cependant, Guifre, ne pouvant trouver dans
sa cellule la paix dont il espérait jouir au milieu de
cette solitude, creuse sa tombe à côté de celle de
Gentil et en fait son lit de repos. Bientôt, il apprend
la mort de son frère Taillefer, noyé en traversant le
Rhône ; et peu après, il meurt lui-même, recomman-
dant à son frère Oliva de planter la croix au sommet
du Canigou, afin d'effacer le souvenir maudit de son
crime.

Le dernier chant est le brillant couronnement du
poème. Il est plus lyrique qu'épique, et il est difficile
de trouver une telle hauteur d'inspiration dans une
œuvre poétique. Ce chant final, ou dialogue lyrique
entre les fées qui se voient détrônées (en même temps
que les Maures ont été expulsés) et les religieux qui
prennent possession de la montagne, est un chant de
triomphe de l'histoire sur la fable, de l'esprit sur la
matière, de la vérité sur l'erreur [1].

« Verdaguer a tenu à montrer la croix se dressant
triomphante au sommet du Canigou, comme un sym-
bole de la victoire de l'Espagne chrétienne sur l'Isla-
misme. Alors les yeux s'ouvrent, et autour de la croix
apparaissent les saints Patrons de toutes les villes, de
tous les villages du Roussillon et de l'Espagne ; ils
bénissent l'œuvre de la reconquête, et le poème
s'achève par ce magnifique chant dont on ne saurait
trouver le pendant dans aucune littérature [2]. »

---

[1] Mgr Tolra de Bordas a été l'introducteur et le traducteur de
Canigou.
[2] Lo Pastorellet de la Vall d'Arles (Abbé Bonafont) *Croix des Pyré-
nées-Orientales*, 6 juillet 1902.

Gloire soit rendue au Seigneur ! nous avons retrouvé notre patrie :
Quelle est fière et vaillante à son réveil !
Regardez-la, appuyée sur les Pyrénées,
Touchant le ciel de son front et plongeant ses pieds dans la mer.

De son bras vigoureux elle brandit sa lance redoutable ;
Tout ce qu'elle aura conquis, la Croix le gardera.
Sa jeune progéniture repose sous son sein,
Où l'allaitent sa foi et son constant amour.

Continuons à la bercer dans son berceau de montagnes ;
Donnons une nouvelle vie à ses bras et à son cœur,
En communiquant à son bras la force du fer dans les combats,
Mais en remplissant son cœur d'amour dans la paix.

O ma patrie ! la victoire t'a prêté ses ailes,
Et ton astre, comme un soleil d'or, est à son lever ;
Lance vers l'Occident le char de ta gloire ;
Puisque Dieu te conduit, ô ma Catalogne en avant !

Oui en avant ! et que rien ne t'arrête, ni les montagnes, ni les terres, ni
      les mers !
Le trône des Pyrénées était trop petit pour toi ;
Mais ce trône s'est élevé, depuis que, ce matin, tu t'es réveillée
                  A l'ombre de la Croix.

On le voit par cette froide et sèche analyse, le poète s'est proposé d'unir dans une synthèse harmonieuse le triple sentiment qui fait vibrer les trois cordes de sa lyre : la *Foi*, la *Patrie* et l'*Amour*. Les actions successives et les événements divers tendent et concourent à un but unique ; l'*Amour* et la *Défense de la Patrie*, de sa *Foi* et de sa *Liberté*. Telle est l'idée inspiratrice du poème.

« Comparée à l'action presque préhistorique de l'*Atlantide,* l'action du *Canigou* est pour ainsi dire d'hier, bien que toutes deux aient un point commun de ressemblance. Après avoir chanté la naissance, à la fois géologique et ethnologique de la nation espagnole, le poète chante la naissance pyrénéenne du peuple

catalan, autrefois réfugié sur ces montagnes pour fuir
les invasions des Arabes... Or, pour chanter dignement
les origines de la nationalité catalane, le poète avait
à rappeler et à présenter la double action de la Croix
et de l'Epée. Celle-ci délivre le pays de la tyrannie
musulmane, et celle-là l'affranchit de l'ignorance et
des superstitions antiques [1].

On retrouve dans le *Canigou* les deux caractères du
génie de Verdaguer comme *Poète mystique* et *Poète
descriptif,* et tous deux se prêtent un mutuel secours
dans des chants d'un mérite bien différent, mais qui
portent la marque du génie. En effet, le poète descriptif, dans lequel nous reconnaissons bien le peintre de
l'*Atlantide,* nous burine d'admirables tableaux ; et le
poète mystique brille surtout dans les deux derniers
chants où il nous montre la Religion dissipant les
passions antipatriotiques et les vieilles superstitions.

L'*Atlantide* et le *Canigou* ont été traduits dans
toutes les langues littéraires de l'Europe. Le premier
poème en français par MM. Pépratx et Savine [2], en
anglais par M. Bonaparte Wyse, en italien par Sugeri
y Nevatti, en allemand, etc. La Russie a voulu lire le
poème catalan dans sa langue, après avoir compris le
mérite de l'œuvre par la traduction des principaux
passages, due à l'initiative du savant Père Martinov.
Le second en français par Mgr Tolra de Bordas, en
castillan par le comte de Cedillo, etc., et fragmentai-
rement en italien par Mademoiselle Marie Licer qui
complétera son œuvre, à la grande satisfaction des
lettrés.

[1] D. Valentino, publiciste espagnol.
[2] Les fragments cités de l'*Atlantide* nous ont été fournis par la
belle traduction de Savine.

Il ne nous reste plus qu'à dire au lecteur : prends et lis, *Tollet et lege*, et comme nous tu seras ébloui, fasciné, ravi.

Au fronton de *Canigou*, comme à celui de l'*Atlantide*, on peut placer en toute assurance la fière inscription que Thucydide mettait en tête de son ouvrage :

Κτῆμx ες ἀει

« Monument fait pour durer toujours ! »

Verdaguer nous est apparu comme poète épique dans l'*Atlantide* et le *Canigou*. Nous avons suivi l'Aigle jusque dans les hauteurs les plus sublimes, nous allons maintenant entendre les gémissements inénarrables de la colombe mystique.

Sicut Aquila in altissimis evolavit
Sicut Colomba canticis inenarrabilibus ingemuit.

Le Michel-Ange de la poésie en a été aussi le Fra Angelico. Le poète des grandes épopées a été le plus sublime des poètes mystiques. Sainte Thérèse, Ramon Lulle et Verdaguer ont suivi la même voie.

Si les sujets sont de moins large envergure, l'inspiration en est plus haute, nous allions dire plus divine, *numine afflatur*.

Sans doute les voix de la nature sont merveilleuses et séduisantes et l'on écoute avec délices *ce que la fleur dit à l'étoile*, mais il est plus fortifiant et plus suave d'entendre ce que Dieu dit à l'âme, ce que l'âme murmure à l'oreille de Dieu.

Il n'est plus question de luttes titanesques ni de guerres contre les Maures. Dès la première strophe on découvre la nouvelle orientation du poète :

Dormez dans ma harpe, hymnes de guerre
Jaillissez, hymnes d'amour ;
Comment chanterai-je les nuages de la terre
Alors que j'ai le ciel dans mon cœur [1].

Ici le prêtre sera plus dans son rôle et nul mieux que lui n'interprétera les paroles échangées dans ces colloques mystérieux, car Verdaguer est prêtre et saint prêtre. On le devine en lisant ses écrits profanes à certaines pudeurs sacerdotales ; on le sent et on le sait en savourant ses écrits religieux.

Lui-même va nous dire où il puise ses inspirations : « Pour moi, humble cigale des bois de Catalogne, grillon qui appris à chanter au milieu des sillons de la plaine de Vich, je demande la bénédiction pour mes pauvres chansons et la grâce de savoir boire la poésie, ne serait-ce qu'une goutte, à la source sacrée du Cœur de Jésus, où lui-même but la poésie la plus élevée qui ait jamais été écrite sur la terre. »

Ses *Idylles* et *Chants mystiques* exercent sur un grand nombre de lecteurs un attrait merveilleux. Ce sont des fleurs parfumées, épanouies dans le jardin habité par les Séraphins.

La Muse mystique de Verdaguer voudrait révéler le monde de l'Infini, le centre de tout amour, la source de toute vie. Dans ces petites poésies il n'est pas moins grand que dans l'*Atlantide*.

A l'Académie royale d'Espagne Menendez Pelayo fait l'éloge de ces nouveaux chants et n'hésite pas à dire qu'ils lui sont supérieurs. La harpe trop longtemps muette de Saint Jean de la Croix et de Ramon Lull va retentir de mélodieux accents et vivifier des flammes célestes la littérature qui, faute d'huile de la

[1] *Idylles et Chants mystiques*, Chant d'amour.

foi, s'éteint comme les lampes des vierges folles de l'Évangile.

· Le *Songe de saint Jean* est une légende en trois époques, dont les trente-trois tableaux, bien que se déployant sur la terre, exhalent tous les parfums du Paradis, dont ils donnent un avant-goût et dont ils parlent le langage. On dit que l'auteur, comme le Père dans le Verbe incarné, a mis en cette œuvre toutes ses complaisances.

C'est la légende du Sacré-Cœur de Jésus. Elle est dédiée à Sa Sainteté le Pape Léon XIII.

> Qui te donne la force, lion
> Dont le rugissement réveille le monde?
> O cœur de la Religion,
> Qui t'a donné de l'attraction,
> Qui guide les peuples et les concilie?
>
> Ah! c'est le cœur sacré,
> Comme toi, couronné d'épines,
> Sur lequel, embrasé d'amour divin
> Tu reposes, comme le Disciple bien-aimé
> Ton front couvert de neige.

Ici c'est plus que le poète qui parle, c'est le prêtre de Jésus-Christ qui connaît toute la profondeur de ce cœur divin.

> L'amour, l'amour qui lui a fermé les paupières,
> A ouvert le tabernacle de son cœur,
> D'où naît l'Église, son épouse immortelle
> Eve divine du divin endormi.

Il fallait plus qu'un poète pour écrire le *Songe de saint Jean*, il fallait un prêtre qui se fût reposé sur le cœur de son divin Maître. Comme le disciple bien-aimé il en connaissait les divines pulsations.

Sur le sein du Sauveur
Comme un troubadour sur la harpe.
A ses doux battements,
Saint Jean continue de rêver,
Savourant page à page
L'Évangile de l'amour.

« Verdaguer ne fut pas seulement un chrétien à la foi ardente, il ne fut pas seulement un prêtre catholique, il fut aussi le plus fidèle interprète de la piété du peuple espagnol et catalan, de cette piété simple et robuste que s'efforcent d'arracher de ses entrailles ceux mêmes qui, aujourd'hui, cherchent à se présenter comme les mânes vengeurs du poète [1]. »

Le prêtre de Jésus-Christ est un grand patriote dont la devise est *Dieu* et *Patrie*. Son livre *Patria* est un bouquet magnifique et varié répandant autour de lui les plus enivrantes et les plus patriotiques effluves ; c'est un chœur enthousiaste de voix tendres ou vibrantes célébrant les amours et les gloires de la patrie catalane, que nul n'aima plus que lui. C'est la passion du poète qui s'exhale en vers tendres ou magnifiqnes.

Son *Ode à Barcelone*, récompensée aux Jeux floraux, fut imprimée à cent mille exemplaires, aux frais de la municipalité. Cette Ode splendide, d'allure épique, fait l'effet de tout un poème condensé dans un seul chant.

Oh Catalogne ! oh Espagne !
Pourquoi vous ai-je tant aimées ?
Oh Espagne, ma douce Espagne !
(Patria, 190-191).

Mais si ce grand patriote aime l'Espagne avec toute

---

[1] Ramon Ruiz Amado, *Diario de Barcelona,* 14 août 1902.

l'ardeur de son âme, après elle c'est la France qui a la première place dans son cœur.

Ses malheurs font couler ses larmes et c'est avec une poignante émotion qu'on lit son élégie aux victimes du Bazar de la Charité. Il chante ou plutôt il pleure toute ses larmes sur les nobles et saintes victimes de la Charité.

L'amour qui vous porta au secours du prochain, ô nobles dames,
L'amour fut le victimaire terrible et imprévu.
Brûlantes de charité, vous mourûtes dans les flammes,
Mais l'incendiaire fut l'amour de Jésus-Christ.

C'est Lui qui, il y a vingt siècles, alluma le bûcher de la Charité,
Avec une vague du feu dont son cœur est une fournaise.
Celui qui aura été une étincelle de cet incendie sacré
Sera, un jour, joyau de sa couronne éternelle.

O victimes, ô martyres de ce Calvaire immense,
Celui-là a adouci votre cruelle mort,
Celui-là vous tient en ses bras, qui descendit sur la terre pour y chercher
La palme du martyre qu'il ne trouvait pas au ciel.

Qui, mieux que Verdaguer, pouvait pleurer sur ces nobles et saintes victimes de la Charité, lui, l'auteur de ce livre incomparable *Fleurs du Calvaire,* qui l'a placé au premier rang des élégiaques.

C'est aussi sa grande œuvre mystique. C'est un livre terrible, un livre de douleur et de larmes, né des souffrances humaines.

Là où d'autres ne récolteraient que l'indignation, la colère et la révolte, lui, le grand poète, lui, l'humble prêtre, il y trouve la résignation, l'humilité, la consolation. Ames qui pleurez et qui souffrez, lisez ce livre et vous serez consolées. Vous entendrez, et vous en serez apaisées, cette éternelle plainte, qui, du premier vers au dernier, s'élève et retombe, comme les flots, sans cesse agités, d'un océan de douleurs.

On ne peut lire sans verser des larmes cette admirable pièce intitulée *Le Calice* et *La Harpe* et celle qui a pour titre : *Sum vermis !* qui rappelle les plaintes sublimes de Job.

« Le renoncement, l'abnégation, le mépris de la guenille humaine, la passion du sacrifice et de l'anéantissement en Dieu ne sauraient aller plus loin, ni être plus éloquemment exprimés. »

Je suis un rien, mais ce rien est à Vous,
Il est à Vous, Seigneur, et il vous adore et vous aime.
Faites de moi ce qu'il vous plaira
Je ne suis pas digne d'être à vos pieds.
Arrachez-moi tout à fait de la terre comme un arbre stérile,
Accablez-moi, brisez-moi, anéantissez-moi.

« Une peine me ferme les yeux, une autre peine me les ouvre. Mais ils sont toujours mouillés de larmes, comme les joncs dans le torrent débordé. »

Pauvre poète ! admirable martyr !

Nouveau Dante il porte la couronne d'épines sous la couronne de lauriers.

Depuis que la première a été portée par un Dieu, elle grandit tous les génies dont elle ensanglante le front.

Aujourd'hui, ces épines, changées en perles précieuses comme ses larmes qui ont fait épanouir les *Fleurs du Calvaire*, sont là-haut pour le grand Verdaguer le plus beau des diadèmes.

Heureusement pour le poète il avait toujours pour le consoler une Mère incomparable, la consolatrice des affligés, la Très Sainte Vierge Marie. Son souvenir ne le quitte jamais. Même dans ses grands poèmes, l'*Atlantide* et le *Canigou*, il a su faire une place à la Dame de son cœur et de ses pensées.

Sa première couronne d'argent, ses premiers lauriers de poète, Verdaguer va les offrir à Notre-Dame de Montserrat qui a ravi son cœur et qui lui inspirera de magnifiques accents.

Avec son dernier vers le nom de Marie sera le dernier souffle de sa voix expirante. « Si douce est la vie plus douce est la mort pour les fils de Marie. »

Le prêtre-poète a consacré trois œuvres à la Reine de l'Univers, à cette Béatrice du ciel qui le charmait comme avait été charmé le Dante par la Béatrice de la terre.

Sa Dame est blanche comme la neige du Canigou, *blanca com neu de Canigó*, pure comme un lys, *pura com un lliri*. C'est la Rose la plus belle du ciel, *Rosa del cel la mès bella*. Elle est sa perle et son rubis, *ma perla et mon rubis*. Troubadour de sa beauté, *trobador de sa hermosura*, il va visiter la Vierge dont il est amoureux, *jo la puja á visitar la Verge de qui estich enamorat,* au sommet de la montagne, à moitié chemin du ciel bleu, *en la seu de les montanyas, á mitg cami del cel blau*. Il la fait chanter par les fleurs, par les oiseaux, par le ciel et par la terre, *cantau amors á Maria, cantau,* et lui-même chante, nuit et jour, celle qui est sa vie et son amour, *cantem nit y dia la vida mia, la mia amor.* Il baise avec respect sa main rosée, *jo adoro sa ma rosada*, et brise à ses pieds sa harpe d'or impuissante à chanter comme son cœur le désire *á vostres peus trancada vos dexa ma arpa d'or.*

Grâces à Dieu, le grand poète n'a brisé sa lyre qu'après avoir chanté *Montserrat*, le *Rosier de toute l'année, Fleurs de Marie,* œuvre mariale de la foi et de l'amour de Verdaguer pour la Reine du ciel et de la terre, qu'il aima dès l'âge de cinq ans, *tenia jo cinch anys.*

Son Eminence l'illustre cardinal Cassagnes, évêque de Barcelone, a accordé cent jours d'indulgence à ses diocésains pour chacune des poésies de ce dernier livre. C'est le plus bel éloge qu'on puisse faire de cette œuvre éditée d'hier à plus de deux mille exemplaires, introuvable aujourd'hui.

Par une délicate attention le grand poète mourant a voulu offrir le premier exemplaire des *Fleurs de Marie,* comme un hommage à ses vertus, à Sa Majesté la Reine Marie-Christine qui allait quitter la Régence au moment même où Verdaguer allait quitter la vie.

Un des premiers actes d'Alphonse XIII, en s'asseyant sur le trône de ses ancêtres, a été d'envoyer à l'auteur de l'*Atlantide* la grand croix de l'ordre d'Alphonse XII avec une lettre autographe, honneur bien compris autant que bien mérité.

Le répertoire des œuvres de Verdaguer est des plus variés. Quel sujet n'a-t-il pas traité ? Il faudrait un volume pour en signaler les beautés, pour faire briller les perles précieuses de ces magnifiques écrins.

Nous nous contenterons de les énumérer par ordre de date, et d'exprimer le vœu ardent que toutes les œuvres du grand poète, hélas épuisées, soient bientôt rééditées pour la gloire des lettres.

C'est le plus beau monument qu'on puisse élever à la mémoire de Jacinto Verdaguer.

On nous affirme que l'Espagne reconnaissante ne faillira pas à ce pieux devoir.

Œuvres de Mossen Jacinto Verdaguer

L'Atlantide, grand poème.
Le Canigou, grand poème.
Idylles et *Chants mystiques.*
Montserrat.
Charité.
Patrie.
Cantiques religieux.
Le Songe de saint Jean.
Jésus-Enfant.
Excursions et Voyages.
Passion de Notre-Seigneur Jésus-Christ.
Nerto.
Journal d'un Pèlerin en Terre-Sainte.
Rosier de toute l'année.
Saint François (d'Assise), poème.
Fleurs du Calvaire (livre de consolations).
Sainte Eulalie (poème).
Airs de Montseny.
Fleurs de Marie.
La Meilleure Couronne.
Eucharistiques.
Contes (Rondalles).
Discours.
Au Ciel.
Folk-Lore.
Cantique des Cantiques, précédé des *Jardins de Salomon.*
Colom, suivi de *Ténérife,*

4

Si Verdaguer est un grand poète, il est aussi un éminent prosateur. « Il excitait l'enthousiasme, avec sa prose aussi bien qu'avec ses vers [1] ».

Qu'on lise le *Journal d'un Pèlerin en Terre-Sainte,* ses *Excursions et Voyages,* ses *Discours,* et l'on sera vite convaincu qu'il maniait en maître

  La Prose, noble outil et bon aux fortes mains [2].

Chose singulière, le grand poète, pendant sa dernière maladie, était plus sensible à la lecture de quelques pages de prose qu'à celle des poésies.

Dernier sacrifice pour se détacher des réalités de la vie devant les réalités de la mort, dernier acte d'humilité pour tous les enchantements de la gloire devant cette puissance de la mort qui courbe le front du génie comme elle brise le sceptre des rois.

Il nous reste à dire quelques mots de la dernière œuvre de Verdaguer, qui fut le chant du cygne de Folgueroles, et comme la dernière pulsation de ce grand cœur de prêtre et de poète.

On ignore le nom de cet orfèvre de Ségovie qui voulait

  « Mourir en ciselant dans l'or un ostensoir. »

Mais si nous ne connaissons pas le premier, nous connaissons le second qui a eu cet insigne bonheur, c'est Mossen Jacinto Verdaguer.

Après avoir offert à la Mère la plus riche couronne de ses plus belles fleurs, il préparait pour le Fils le plus beau des diadèmes, plus éclatant que celui des

[1] *Catalunya artistica,* numéro du 14 août 1902.
[2] Louis Veuillot.

rois, un diadème composé de toutes les splendeurs Eucharistiques. Il

> Est mort en ciselant dans l'or cet ostensoir.

C'est une poésie plus qu'humaine, ce sont des chants et des enchantements célestes comme les séraphins doivent en faire entendre là-haut, au milieu des éblouissements de la présence divine, dans le face à face avec Dieu.

C'est plus que des chants, c'est une prière, c'est une sublime adoration.

De même que Fra Angelico peignait à genoux, ses Christs et ses Madones, Jacinto Verdaguer a dû composer ses poèmes eucharistiques, ses *Eucharistiques*, comme il les appelle, au pied du tabernacle, dans le flamboiement divin de la radieuse Hostie.

> *Alli flambeja al sol de la Hostia santa*
> C'est là que flamboie le Soleil de l'Hostie sainte.

Après le crucifiement du Calvaire c'étaient les délices du Thabor.

Comme l'aimant attire le fer, l'Eucharistie attire le prêtre-poète. Il voudrait être prisonnier avec le divin Prisonnier.

> De la prison du Tabernacle
> Je voudrais être prisonnier.
> Votre amour serait ma chaîne
> Et vous seriez mon doux geôlier [1].

La première de ces poésies eucharistiques, celle qui a été le principe et la cause de toutes les autres, est le « Soleil de Pézilla » qui débute par cette image incomparable :

[1] *Rosier de toute l'année*, 27 mai.

> Courbe ton front couronné d'étoiles,
>   O noble Canigou !
> Car un autre Roi, de bien plus haut qu'elles
> Est descendu au cœur du Roussillon.

et qui finit par un acte magnifique d'adoration :

> Adore-Le, ô Roussillon,
> Sur son trône qu'a décoré le printemps,
> Adore le Roi de Pézilla-de-la-Rivière
> Qui est autrement grand que le Canigou.

Le voyez-vous ce fier et magnifique Canigou, que le poète a tant exalté, s'inclinant devant la Majesté de Dieu présent dans les Saintes Hosties ?

C'est du grandiose ou il n'y en a pas.

Nous avons vu le prêtre-poète, humblement prosterné dans une adoration sublime, nous l'avons vu contemplant, radieux et comme transfiguré, les Saintes Hosties qu'il a si bien chantées. Il nous semble y être encore.

Ces Hosties ont projeté leur puissant rayonnement sur le front du génie.

Autour du « Soleil de Pézilla » graviteront bientôt au ciel de la poésie de brillantes étoiles qui diront les gloires et les magnificences de l'Eucharistie. Quels cantiques si purs les Séraphins qui voltigent autour du tabernacle ont enseigné au poète si digne de les écouter et de les comprendre !

Nous ne citerons que la *Messe de Saint-Jean* et la *Custode de Barcelone.*

Cette dernière, qui a les proportions d'un poème, est la plus belle de toutes ; elle est d'un lyrisme achevé. L'*Ode à Barcelone* ne fait pas pâlir la *Custode de Barcelone.*

Ce sont deux brillants du plus grand prix au front

de la grande ville qui peut en être fière, rayons éclatants de son patriotisme et de sa foi.

Les lecteurs qui, comme nous, auront plus tard le bonheur de lire les *Eucharistiques* de Verdaguer, n'hésiteront pas à les classer parmi les plus belles œuvres du poète mystique.

Comme son glorieux patron saint Hyacinthe traversant les flammes, il a pris d'une main la divine Hostie, de l'autre la Sainte Madone, et il les a présentées au monde ravi de tant de grâce et de tant de majesté.

Il nous plaît contempler Jacinto Verdaguer dominant les flots de la mer dont les vagues frémissantes menacent d'engloutir le navire qui le porte : il nous plaît contempler, dans son vol hardi, cet Aigle royal planant dans l'immensité, au sommet des plus hautes montagnes. Qu'il est beau ! qu'il est grand ! Mais nous le trouvons plus grand encore quand, au milieu des flots amers de la tribulation qui l'envahissent de toutes parts, il baise la main de Dieu qui l'éprouve, chante sa gloire et ses magnificences, et, de ravissement en ravissement, d'extase en extase, d'ascensions en ascensions, il s'élève jusqu'aux sublimes hauteurs de l'Infini, dans les splendeurs de la lumière et dans la plénitude de l'amour.

C'est plus que le poète de l'humanité, c'est le poète de la divinité.

« Renouvelant le miracle d'Elisée il a pu, avec une poignée de sel divin, rendre à la poésie contemporaine la pureté et la vertu qu'elle a perdues ; il a pu lui restituer son cœur, son âme et ses ailes, avilis et mutilés par la doctrine matérialiste ».

N'avions-nous pas raison de dire, en commençant,

que la figure de Mossen Jacinto Verdaguer était une
des plus belles et des plus originales de notre époque?
Nous pouvons ajouter qu'elle était une des plus popu-
laires, car en lui l'homme et le prêtre valaient autant
sinon plus, que le poète. Sa physionomie douce et
mélancolique exerçait une irrésistible attraction.

Ni le pinceau, ni le burin, impuissants comme la
plume, ne nous en donneront jamais le vrai profil.
Seule la main du temps qui consacre ce qu'elle touche
déposera sur les traits du poète ses teintes incomparables, reflets glorieux du génie et de l'immortalité.

Ce plébéien de race, ce modeste, vivait comme
l'ouvrier, comme le pauvre. Il aurait pu soulever les
foules qui frémissaient aux accents inspirés de sa lyre
puissante, il s'est contenté de les charmer et de les
enthousiasmer pour les libertés et les franchises de la
patrie catalane.

Verdaguer est un *catalaniste* pur sang, mais non un
séparatiste, et par conséquent il est aussi éloigné des
fédéraux que des libéraux cosmopolites.

Le peuple l'appelait d'un nom de tendresse. Pour
les autres c'était Mossen Jacinto Verdaguer, pour lui
c'était Mossen Cinto tout court. Cette familiarité
résumait tout son amour.

A sa mort tout le peuple le pleura !

> Le soleil s'est couché derrière la montagne ;
> Pleurez, cloches de Vich ;
> Sur l'Espagne et sur l'Europe
> S'étend la nuit sombre [1].

---

[1] Jacinto Verdaguer. *La mort de Balmès. Patria.*

SA MORT

La plus grande lumière, le soleil de l'Espagne vient de s'éteindre.

Jacinto Verdaguer est mort !

Cette nouvelle, qui met en deuil une nation amie, jette une profonde tristesse dans nos cœurs.

L'illustre auteur de l'*Atlantide* avait, à Perpignan et dans tout le Roussillon, plus que des admirateurs de son génie ; il avait de vrais amis qu'il honorait de son amitié, amis des mauvais jours qui pleurent des larmes amères parce qu'il n'est plus.

Notre Évêque le recevait, avec bonheur, dans son palais.

On se figure généralement, peut-être avec raison, que les grands poètes sont des hommes fiers et inabordables.

Nous n'avons jamais vu âme plus simple et plus douce, nature plus candide.

Ce grand homme était comme un enfant.

Ce grand cœur se laissait pénétrer par le moindre rayon d'affection.

Il avait besoin d'être aimé ce grand délaissé.

Nul ne dira ce qu'il a souffert dans sa vie.

Le divin Maître avait exaucé la prière du poète :

> Donnez aux autres honneur et gloire,
> A moi les opprobres, moqueries et mépris.
> Je ne veux point la palme sans la victoire :
> Que ma palme soit votre croix [1].

Ce mystique était familiarisé avec la tribulation comme le matelot avec la tempête.

[1] *Fleurs du Calvaire*. A Jésus couronné d'épines.

« Des tribulations ! si nous savions ce qu'elles valent
et de quelle main elles viennent, nous dirions toujours
en les considérant : que Dieu nous en donne [1] ».

Est-ce le langage de Jacinto Verdaguer ou de Thérèse
de Cépéda ?

Vivant de privations il était obligé souvent, comme
il nous l'a écrit lui-même, de « laisser s'envoler une
poésie au Pain des Anges, pour gagner ou chercher
le pain matériel [2] ».

Sous la couronne de lauriers ce nouveau Dante n'a
cessé de porter la couronne d'épines.

Jacinto Verdaguer, de la naissance à la mort, fut
toujours pauvre, mais il fut toujours fidèle à sa foi et
à son Dieu.

Le prêtre soutenait le poète et quand celui-ci fléchis-
sait sous le poids de l'épreuve, celui-là prenait le
calice du sang de Jésus-Christ, et son âme sereine
s'élançait dans les plus hautes régions de la lumière
où « ce prince du chant sublime volait comme l'Aigle [3],
« respirant l'air d'un monde plus divin [4] ».

Jamais prêtre ne glorifia si magnifiquement son
Dieu.

Jamais citoyen ne fut plus ardent à défendre les
libertés locales.

Jamais poète ne chanta mieux les grands hommes,
les droits et les gloires de sa patrie dont il prophéti-
sait la délivrance.

C'est avec une poignante émotion que nous donnons

[1] *Fleurs du Calvaire*. Prologue.
[2] Lettre du 27 août 1898.
[3] Paroles du Dante sur Homère (Divine comédie).
[4] Mgr Gerbet.
[5] *Fleurs du Calvaire*. Sum vermis.

le tribut de nos larmes et de nos prières à l'auteur de l'*Atlantide* et de tant de chefs-d'œuvre, au plus illustre des poètes mystiques.

Hier encore il nous confiait une série de petits poèmes eucharistiques qu'il avait composés sur nos instances.

Ce précieux manuscrit est entre nos mains, testament sacré où l'on sent battre les dernières pulsations de ce noble cœur.

Demain cette œuvre brillera comme un joyau de première grandeur sur le front du poète.

Là-haut les Anges ne doivent pas mieux chanter.

O sublime et incomparable poète ! pauvre victime ! héroïque martyr ! que Dieu change ta couronne d'épines contre une couronne de pierres précieuses.

Ton corps seul est la proie de la mort qui t'a ravi à notre affection, mais ton nom et tes écrits sont à jamais immortels.

L'*Atlantide*, le *Canigou*, deux grandioses épopées ; les *Idylles et Chants mystiques*, *Patrie*, *Fleurs du Calvaire*, *Fleurs de Marie*, etc., etc. *Poèmes eucharistiques*, accents mélodieux d'une lyre plus qu'humaine.

Quels éclats de génie !

Quels rayons de gloire !

De son vivant ce modeste « dépouillé de tout bien, malade et pauvre » s'ensevelissait dans l'oubli comme il a voulu être enseveli dans la bure du pauvre moine de Saint-François.

Mais à sa mort la gloire se manifeste comme dans une explosion d'enthousiasme.

Le roi lui-même incline son sceptre devant ce roi de la pensée.

La vie publique est suspendue. On ne s'occupe que du grand mort, son éloge est dans toutes les bouches.

Sa dépouille est patriotiquement ravie à sa famille pour être placée dans la salle la plus célèbre du palais municipal, le *Salon des Cent, Salon de Ciento,* où Mistral prophétisa le plus grand avenir au jeune poète séminariste, lauréat des Jeux Floraux, et où, trente ans plus tard, toute une population est venue le contempler, une dernière fois, et lui donner le témoignage d'une profonde douleur et d'une immense admiration.

Le Conseil municipal suspend sa séance en signe de deuil et décide que les funérailles du poète seront faites aux frais de la ville de Barcelone.

Les drapeaux sont mis en berne, les lumières voilées, pour mieux symboliser la disparition de cette lumière qui éclairait l'Espagne et le monde entier.

Des télégrammes de condoléance sont adressés de partout à l'Alcade de la grande ville ; on multiplie les secrétaires qui suffisent avec peine à les lire et à les classer.

La gloire, on l'a vue resplendir à ses funérailles qui ont été vraiment triomphales.

Sur tous les visages et dans tous les cœurs on portait le deuil de ce grand homme comme on portait naguère le deuil de la patrie écrasée mais non vaincue.

Honneur au peuple espagnol qui ne se laisse pas abattre par le malheur et qui honore si magnifiquement le génie.

Nous le saluons avec la plus vive admiration et avec le plus grand respect.

Verdaguer n'est pas mort tout entier.

Non omnis moriar [1].

Comme le Canigou se voile et disparaît dans les nuages pour reparaître plus majestueux, ainsi l'illustre poète, caché dans les ombres de la mort, reparaîtra lui aussi plus éclatant de gloire.

Il aura l'immortalité des grands poètes, Homère, Virgile, le Dante, immortalité plus durable que l'airain.

Exegi monumentum perennius œre [2].

Un jour viendra où l'on étudiera le catalan pour lire Verdaguer, comme on étudie le grec pour lire Homère [3] ».

Ses lèvres, malgré le sceau de la mort, murmureront toujours à la postérité les grandioses et suaves harmonies de ses vers, pendant que leur auteur contemplera, face à face, dans d'éblouissantes clartés, et chantera éternellement avec les Anges, ses frères, le Dieu de sainteté, de lumière et d'amour.

Vivas in Deo!

Augustin VASSAL.
Chevalier de Saint-Grégoire-le-Grand.

---

[1] Horace, Liv. III, Ode 30.
[2] Horace, Livre III, Ode 30.
[3] Quérol de Valence (Espagne), célèbre écrivain.

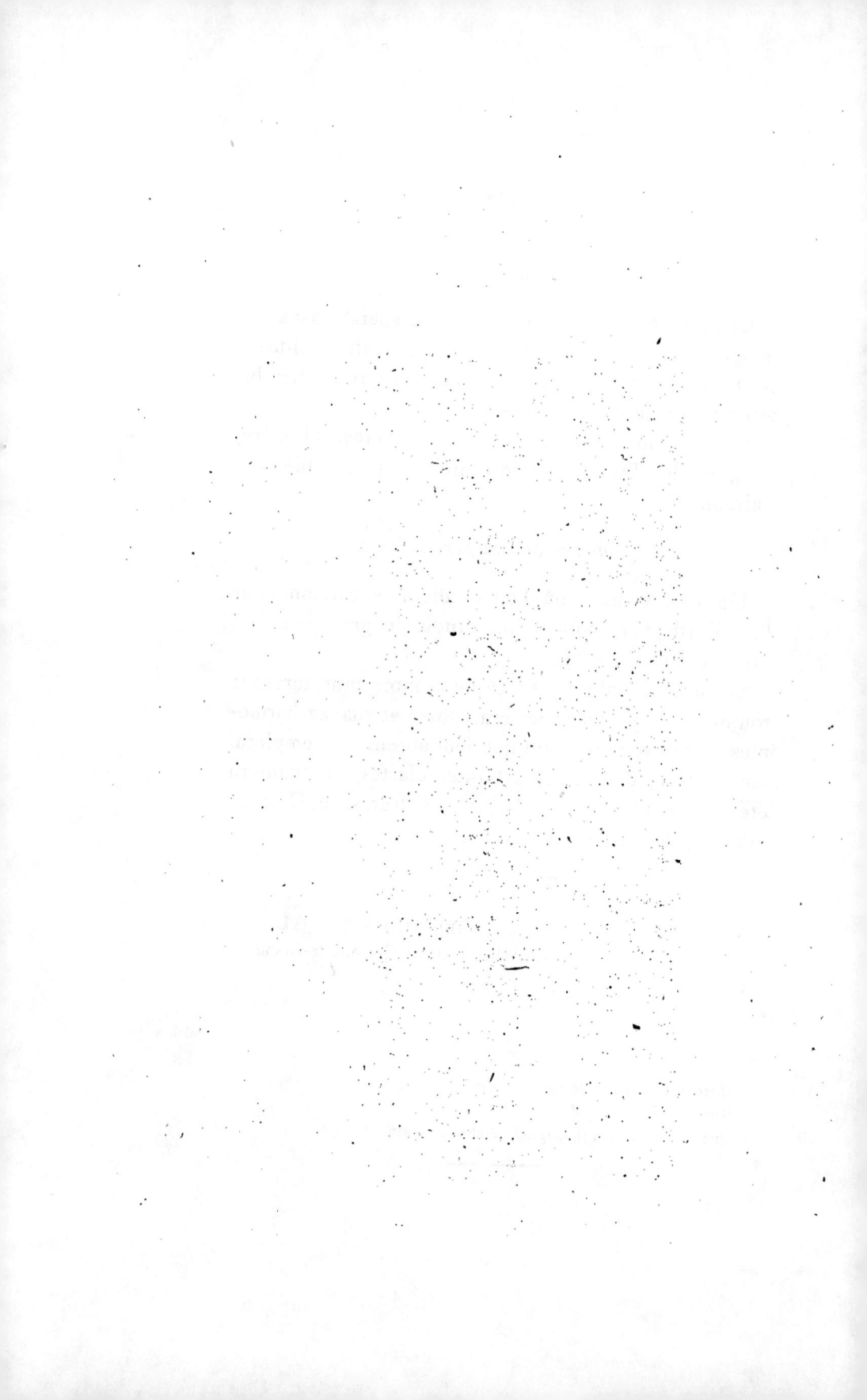

ÉLOGE

DE MOSSEN JACINTO VERDAGUER

Par Sa Grandeur Monseigneur DE CARSALADE DU PONT

ÉVÊQUE DE PERPIGNAN

Informé par télégramme de la mort du grand poète, Monseigneur l'Évêque, en tournée pastorale, transmit aussitôt l'expression de ses condoléances dans le télégramme suivant:

SENYOR PELLA Y FORGAS,

De Claira, 11 juin, 11ʰ 35.

« Reçois en cours visites pastorales votre télégramme annonçant mort Mossen Cinto. Merci au nom du clergé et fidèles du diocèse qui, en lui, pleurent le chanteur du *Canigou*. Tous sont unis à leurs frères de la Catalogne dans le deuil, les regrets et la prière. »

† JULES, évêque de Perpignan.

Ce témoignage d'estime, donné à l'auteur de l'*Atlantide*, fut bientôt suivi d'un autre plus éloquent encore.

Par sa Lettre pastorale *catalane* du 11 juin, Monseigneur de Carsalade notifiait à son clergé la mort de Mossen Jacinto Verdaguer et lui demandait de prier et de faire prier pour le repos de son âme.

Nous devons dire que Monseigneur de Perpignan est un de nos catalanistes les plus distingués.

Noblement épris des beautés de la langue catalane, notre savant Évêque a prouvé, une fois de plus, que le don des langues est toujours un des dons du Saint-Esprit.

Cette langue, qu'il ne connaissait pas hier, lui est aujour-jourd'hui très familière.

Naguère, dans sa cathédrale, il ravissait un immense auditoire d'Espagnols et de Français avec toute la grâce et l'éloquence catalanes.

L'éminent Évêque a mérité d'être appelé le premier Catalan du Roussillon.

Ce sera une des gloires de son épiscopat d'avoir été l'ami et le protecteur du plus grand poète de l'Espagne.

A. V.

Lettre Pastorale de Monseigneur l'Évêque de Perpignan

ADRESSÉE AUX CURÉS DE SON DIOCÈSE

Pour leur faire part de la Mort de Mossen Jacinto Verdaguer

et leur recommander l'âme du grand Poète

(Traduction française).

Mercredi, 11 juin 1902.

Il est mort le grand poète de la Catalogne, Mossen Jacinto Verdaguer! Les Catalans des deux côtés des Pyrénées pleurent le chantre sublime des gloires de notre patrie.

Le Roussillon lui doit une éternelle reconnaissance pour avoir réveillé les échos endormis de ses montagnes et pour avoir fait retentir, à travers ses plaines et ses vallées, les chants de sa lyre incomparable.

De Font-Romeu jusqu'à la mer bleue de Banyuls il n'est pas un village, pas un sanctuaire, pas un monument antique, il n'est pas un souvenir de saint, pas une légende ou un fait de guerre qu'il n'ait chanté.

Il a rendu partout célèbres les gloires de Saint-Martin du Canigou, de Saint-Michel de Cuxa, de l'antique Mirmande, de Pézilla-de-la-Rivière, de Font-Romeu, de Galamus, de Prats-de-Molló, etc.

Naguère il nous accompagnait de loin aux pieds de la Mère de Dieu de Lourdes, avec ses *goigs* suaves, composés spécialement pour notre pèlerinage. Tous nous le connaissions, tous nous l'aimions ; s'il appartenait à l'autre côté des Pyrénées par sa naissance, nous pouvons dire qu'il était du nôtre par l'amour qu'il portait à notre tronçon de la Catalogne. Le Canigou avait ravi son cœur. Il avait tant de fois parcouru notre terre, allant de village en village, de presbytère en presbytère, où vous lui faisiez toujours un accueil fraternel. Depuis longtemps il m'honorait de son amitié et je l'aimais moi-même comme un frère.

Maintenant la mort a brisé sa lyre et tué le chanteur ! Toutefois rien ne meurt de ce que la foi a touché ! Le Christ Notre Seigneur, le Christ des *Fleurs du Calvaire*, a déjà reçu au ciel notre grand et dévot poète ; il a déjà mis entre ses mains la lyre des Anges, afin qu'il chante éternellement avec les chœurs célestes, les *Airs de Montseny*, les *Chants de Montserrat*, les *Fleurs de Marie*, la *Croix du Canigou*, le *Soleil de Pézilla*.

Bien-aimés collaborateurs, vous aurez présente dans vos prières et vos sacrifices l'âme de ce mort si illustre et vous recommanderez à vos paroissiens de prier Dieu pour lui.

Nous accordons quarante jours d'indulgences à tous les fidèles de ce diocèse qui réciteront, à son intention, un *De Profundis*, ou une partie du Rosaire.

Que Dieu vous garde et la très sainte Vierge Marie.

† JULES, évêque de Perpignan.

Monseigneur l'Évêque de Vich, dans la magnifique lettre [1] qu'Il adresse au Ministre de l'instruction publique pour protester contre le décret royal qui prohibe l'enseignement du catéchisme en catalan, qualifie Verdaguer de *prince* de cette littérature, *de cette langue catalane*, qui peut être appelée *la langue de Verdaguer*, au même titre que la langue *castillane* est appelée *la langue de Cervantès*.

[1] Du 27 novembre 1902.

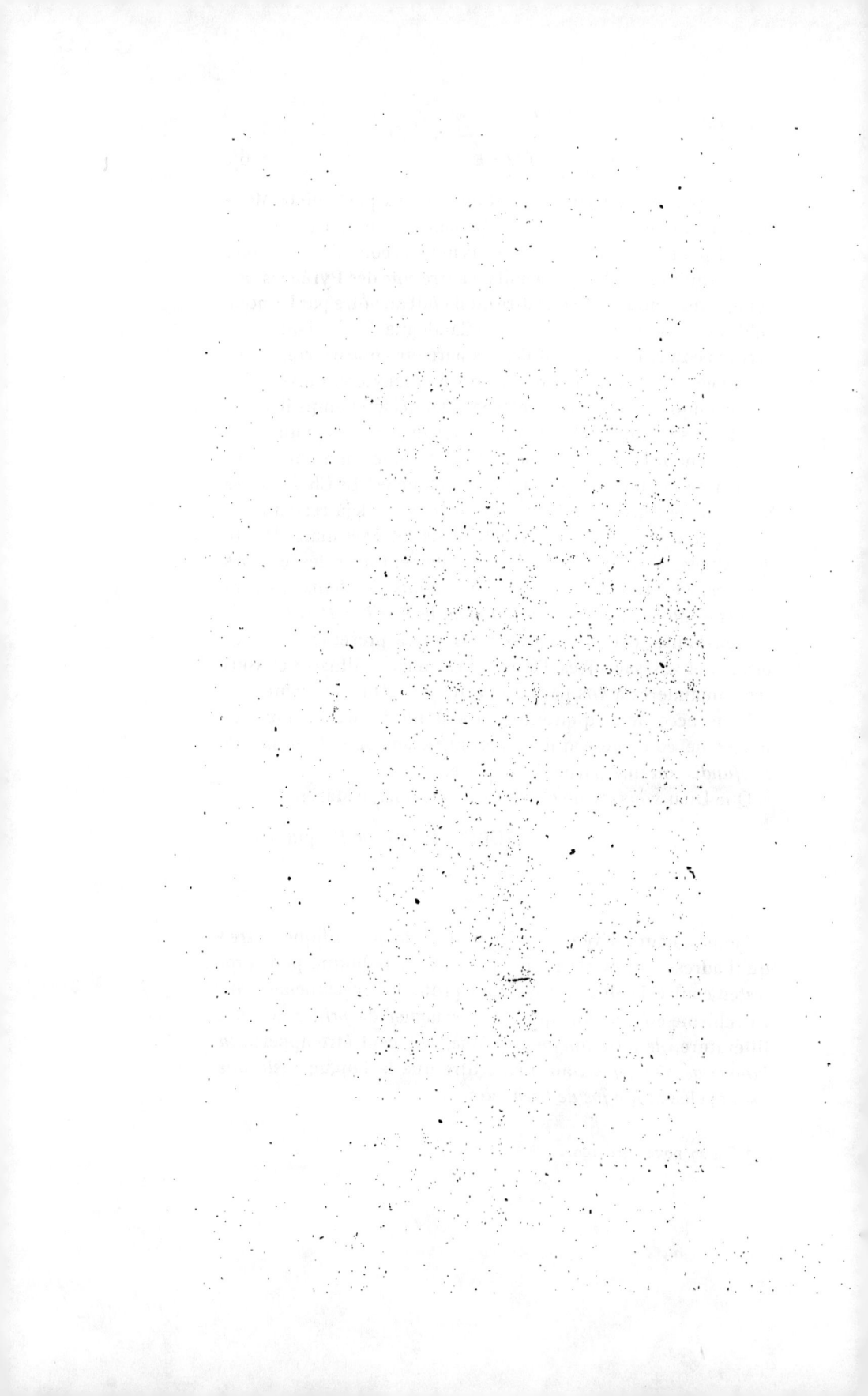

EUCHARISTIQUES

BISBAT
de Perpinyá

Perpinyá, 21 de Mars de 1904.

—

AL SENYOR AGUSTI VASSAL,

Molt distingit Senyor y fill meu carissim,

· *Acabo de llegir les* Eucaristiques *de Mossen Jacinto Verdaguer, quina lectura me va causar fondissima impressió.
L'ánima del nostre excels poeta reviu del tot, ab l'ardor
de sa fe y la bellesa de son enlairat geni, en aqueixes
poesies que semblen emmanllevades al* Cántich dels
Cantichs. *Creure, amar y patir, tota la vida de Mossen
Cinto pot resumir-se en aqueixos tres mots, o, per millor
dir, la creu y 'l cálzer van ser les dues fonts inagotables
ahon va pohar la seva inspiració. Desde la primera
joventut fins al llindar de l'eternitat, la vida del capellá
y del poeta va desenrotllar-se sota aqueixes dues influen-
cies. Vida de crucifixions, de dolors fisichs y morals
aguantats ab una resignació de mártir ; vida d'amor,
d'aqueix amor que en la llengua mistica se diu* Caritat,
*quina font embriagadora va esser per ell lo divi cálzer
de l'altar.*

Les Flors del Calvari *nos han fet mirar l'home dels
dolors, y hem de regraciar a Deu de no haver-li perdonat
les penes y 'ls neguits ; hauria faltat, en efecte, a la nostra
admiració per tant excels poeta, de poder contemplar-lo,
per aixi dir, a nu, a descobert, despullat dels aventatges
humans, dins del sol lluhiment de ses virtuts.*

Avuy les Eucaristiques *nos fan mirar lo triomfador del
dolor, Mossen Cinto, tenint d'una má l'aspra creu feta arpa
armoniosa, y de l'altra 'l cálzer d'or ple de la sanch de*

ÉVÊCHÉ   *Perpignan, 21 Mars 1904,*
de Perpignan
—

A Monsieur Augustin Vassal.

Très honoré Monsieur et fils bien-aimé,

Je viens de lire les Eucharistiques *de Mossen Jacinto Verdaguer. Cette lecture m'a causé une profonde impression.
L'âme de notre sublime poète revit tout entière, avec
l'ardeur de sa foi et la beauté de son génie, dans ces
poésies, qui semblent empruntées au* Cantique des Cantiques. *Croire, aimer et souffrir, toute la vie de Mossen
Cinto peut se résumer dans ces trois mots ; ou, pour mieux
dire, la croix et le calice furent les deux sources inépuisa-
bles où s'alimenta son inspiration. Depuis sa première
jeunesse jusqu'au seuil de l'éternité, la vie du prêtre et
du poète se déroula sous cette double influence. Vie de crucifiement, de douleurs physiques et morales supportées avec
une résignation de martyr ; vie d'amour, de cet amour
qui, dans la langue mystique, se nomme* Charité, *et dont
le divin calice de l'autel fut pour lui la source enivrante.*

Les Fleurs du Calvaire *nous ont fait admirer l'homme
des douleurs ; nous devons rendre grâces à Dieu de ne
lui avoir épargné ni peines ni mépris ; il aurait manqué,
en effet, à notre admiration pour cet éminent poète de
pouvoir le contempler, pour ainsi dire, à nu, à découvert,
dépouillé des avantages humains, dans le seul éclat de
ses vertus.*

Aujourd'hui les Eucharistiques *nous font admirer le
triomphateur de la douleur, Mossen Cinto tenant d'une
main l'âpre croix, transformée en une harpe harmonieuse,*

l'Anyell divi, mentres que ab veu de cigne canta 'ls últims himnes de l'amor mistich, himnes dolcissims comensats en la terra y finits en lo cel... Lo cigne armoniós ha mort davant del sagrari.

Les Eucaristiques *han sigut lo testament poétich de Mossen Jacinto Verdaguer. La primera plana la va escriure devant del Sant Misteri de Pezillá, en nostre troçet de Catalunya que tan estimava y ahon tots los cors eren seus; y 'l vá firmar y segellar en Perpinyá, cinch mesos abans de morir, elegint-vos per marmessor com a amich fidelissim.*

Al donar a llum aqueixes ultimes poesies compliu, donchs, la seva última voluntat; y d'aixó vos ne serán sempre mès reconeixents els admiradors del poeta, els bons fills de Catalunya d'ençá y d'enllá del Pireneu, y sobre tot lo qui firma aquesta carta, repetint-se vostre pare amantissim en Crist Senyor Nostre.

JULI, Bisbe de Perpinyá.

et de l'autre le calice d'or rempli du sang de l'Agneau divin, pendant que, de sa voix de cygne, il chante les derniers hymnes du mystique amour ; hymnes pleins de douceur, commencés sur la terre et finis dans le ciel... Le cygne harmonieux est mort devant le tabernacle.

Les Eucharistiques ont été le testament poétique de Mossen Jacinto Verdaguer. Il en écrivit la première page devant le Saint Mystère de Pézilla, dans notre petite portion de Catalogne qu'il aimait tant et où il avait conquis tous les cœurs ; il le signa et le scella à Perpignan, cinq mois avant sa mort, vous choisissant pour exécuteur testamentaire, en qualité de très fidèle ami.

En publiant ces dernières poésies vous remplissez, donc, sa dernière volonté, et par là vous mériterez à jamais la reconnaissance des admirateurs du poète, des bons fils de la Catalogne d'en deçà et d'au-delà des Pyrénées, et par dessus tout de celui qui signe cette lettre en se redisant votre Père très aimant en Notre Seigneur Jésus-Christ.

JULES, Évêque de Perpignan.

Pour la traduction : A. V.

GÉNESSIS DE LES EUCARISTIQUES

Si en ales del pensament nos trasladem a la Capella hon s'hi venera al gloriós sant Jordi, patró de Catalunya, aprop del poblet de Folgaroles, bisbat de Vich ; en mig d'un amfiteatre de rocasses acimades per un imponent *dolmen*, altar un dia dels deus del paganisme, boy seguint les remors dels torrentars y cascates, veurem a un jove sacerdot que, acompanyat de sos parents y amichs, avança a poch a poch, esblaymat, commós y gayre bé defallint.

Al enfront d'un senzill altar guarnit ab dos pomells de flors y enllumenat per quatre ciris hi celebra ferventment l'august sacrifici de la Missa, aparaguent com transfigurat per un sant ardor que a sos oyents una devoció fonda encomana.

Ja 'l nou ministre del Senyor, en un acte d'adoració, enlayra per dessobre les testes que la Fe y l'Amor fan inclinar, a la primera Hostia per ell consagrada, ver recaptador del Infinit, Hostia profitosa que reflexará suau brillantor sobre tota la seva vida, força divina que l'aguantará en sos treballs, ses lluytes y ses contrarietats.

Vinticinch anys més tart, Mossen Jacinto Verdaguer remembrava ab pler lo recort de sa primera missa, que fou, com ell deya, la *bella aurora del meu sacerdoci.*

Gracies a les pregaries de sa bona mare, cobrá coratge pera pujar a l'altar : *Pobra mare ! Ses fervoroses oracions me donaren força pera pujar a l'altar per la primera*

GENÈSE DES EUCHARISTIQUES

Transportons-nous par la pensée dans la petite Chapelle consacrée au glorieux saint Georges, patron de la Catalogne, non loin du village de Folgaroles, diocèse de Vich ; au milieu d'un amphithéâtre de rochers dominés par un magnifique *dolmen*, autel des dieux du paganisme, au bruit des torrents et des cascades, un jeune prêtre, entouré de parents et d'amis, s'avance, ou, plutôt, se traîne, pâle, ému, presque défaillant.

Devant un modeste autel, orné de deux bouquets, éclairé par quatre cierges, il célèbre le très saint sacrifice de la messe avec une ferveur qui le transfigure et qui fait entrer les assistants dans une profonde dévotion.

Le nouveau ministre de Jésus-Christ élève dans un acte d'adoration, au-dessus des fronts courbés par la Foi et par l'Amour, la première Hostie consacrée, réceptacle de l'Infini, Hostie salutaire qui projettera son doux rayonnement sur toute sa vie, force divine qui le soutiendra dans ses travaux, ses luttes et ses épreuves.

A vingt-cinq ans de distance, Mossen Jacinto Verdaguer rappelait, avec bonheur, le souvenir de sa première messe, qui fut la belle aurore de son sacerdoce, *bella aurora de mon sacerdoci.*

C'est grâce aux prières de sa mère qu'il eut la force de monter à l'autel. *Pobre mare ! Ses fervoroses oracions me donaren força pera pujar al altar per la primera*

*vegada, hont hi alçava ab mes mans tremoloses la Hostia
santa, sol hermós de les ánimes enamorades*, emporpo-
rant-hi ab la sanch de Jesucrist sos harmoniosos llavis.

Durant lo curs de sa existencia celebrá en les iglesies
més famoses del món católich : a la catedral de Cór-
dova, a Sant Pere de Roma, a Tánger, a la mora Cons-
tantina, a Santa Eduvigis de Berlin, a l'iglesia dels
Dominichs de Sant Petersburg, a la catedral de l'Havana
quan estotjava les cendres de Cristófol Colon, a la cova
de Bethlem, y sobre 'ls rocatars del Calvari.

Mes les capelles de marbre, els altas de jaspi, els
retaules d'alabastre, de bronze i de plata, les estovalles
brodades d'or, les dalmátiques de brocat, y les casulles
rublertes de pedres precioses, no li feren pas oblidar
los ornaments senzills ni 'l pobre altar de Sant Jordi
hont hi tingué lloch sa primera missa, y quin recort
sobrepujá a tots els altres, segons ell mateix deya, *com
si 'l meu cor s'hi hagués quedat allá hon celebrí 'l primer
sacrifici.*

Dolent-se d'haver dexat aquells cims pera baixar a la
plana, se plany de que l'humil formigó haja tingut ales,
perqué no hauria trepitjat tantes d'espines, *ni hauria
hagut de plorar tantes llágrimes.*

Benehides espines y fecondes llágrimes que 'ns han
reportat tantes obres mestres !

Lo poeta sembrá en llágrimes, mes la cullita ha sigut
gloriosa y abundant en garbes d'un gra que no s'agotará
may més.

Pel desembre de 1896 endreçavem un humil prech
al poeta més gran de la católica Espanya, Mossen Jacinto
Verdaguer, sacerdot de l'Altissim, perqué desitjavem
obtindre de l'autor de *L'Atlantide* « una de les paraules
que immortalisen tot lo que canta vostra delicada ánima
de poeta », una poesia sobre les Sagrades Hosties de
Pezillá de la Ribera.

vegada, où il éleva dans ses mains tremblantes l'Hostie Sainte, beau soleil des âmes aimantes, *y alçava ab ses mans tremoloses l'Hostia santa, sol hermós de les ánimes enamorades*, et où il empourpra ses lèvres harmonieuses du sang de Jésus-Christ.

Dans le cours de son existence il célébrera la messe dans les églises les plus célèbres, à la cathédrale de Cordoue, à Saint-Pierre de Rome, à Tanger et à la mauresque Constantine, à Sainte-Edwige de Berlin, à l'église des Dominicains de Saint-Pétersbourg, à la cathédrale de la Havane, qui garde les cendres de Christophe Colomb, à la grotte de Bethléem, sur les rochers du Calvaire.

Les chapelles de marbre, les autels de jaspe, les retables d'albâtre, de bronze et d'argent, les nappes brodées d'or, les dalmatiques de brocart, les chasubles ruisselantes de pierreries, n'ont pu lui faire oublier les ornements simples et le modeste autel de Saint-Georges où il célébra sa première messe, souvenir qui domine tous les autres comme si son cœur y était resté attaché, *com si 'l meu cor s'hi hagués quedat allá hont celebri 'l primer sacrifici.*

Il regrette d'avoir quitté ses sommets pour descendre dans la plaine ; il regrette que la pauvre fourmi ait eu des ailes ; il n'aurait pas piétiné autant d'épines, il n'aurait pas versé autant de larmes, *ni hauria hagut de plorar tantes llágrimes.*

Heureuses épines, larmes fécondes qui nous ont valu tant de chefs-d'œuvre !

Le poète a semé dans les larmes, mais il a moissonné des gerbes abondantes et glorieuses dont le grain ne s'épuisera jamais.

Au mois de décembre 1896 nous adressions une humble supplique au plus illustre poète de la catholique Espagne, à Mossen Jacinto Verdaguer, prêtre de Jésus-Christ. Nous voulions obtenir de l'auteur de *L'Atlantide* « un de ces mots qui immortalisent tout ce que chante votre belle

No 'n teniem prou de que haguessin sigut cantades per un Bisbe eminent, teólech y poeta, sinó que voliem sublimar-les per la veu del geni.

Lo poeta del cor d'or aculli nostra suplica ab la bondat y senzillesa que formaven son carácter, y tres o quatre dies després, per conducte del nostre bon amich En Delpont, rebiem la celebrada poesia *Lo Sol de Pezillá*, que es un himne magnifich dedicat a l'Eucaristia, y quin titol solament ja val més que un llarch poema.

Lo sacerdot-poeta, pera cantar al Santissim Sagrament, feya emmudir ses penes y abastava l'arpa penjada dels sálzers del camí, que desde temps restava silenciosa.

« Los quatre versos, nos escrivia ab sa extremada modestia, ab que respongui a vostra honrosa invitació, me sortiren d'un raig lo dia de Nadal, y són los únichs que he escrits fa molt temps. No son pas dignes de Jesús sagramentat ni del Misteri de Pezillá. Més tal com sien preneu-ne vos y prenga lo bon Jesús la bona voluntat. Un de mos somnis es escriure un llibre sobre 'l misteri de l'Eucaristia. Ho podré fer? A la voluntat de Deu. Mentrestant m'aconhorta pensar que en poesia o en prosa lo canten millor altres poetes, y sobre tot los Angels que fan la vetlla de dia y de nit al voltant del Tabernacle. »

Al rebre la nova de que l'insigne poeta 's proposava compondre un llibre sobre l'Eucaristia, nostre cor bategá ab entusiasme y felicitat.

Tot seguit encoratjárem aixís a Mossen Jacinto Verdaguer :

« Me feu saber que un dels vostres somnis fóra escriure un llibre sobre 'l misteri de l'Eucaristia.

« Vulga Jesucrist que aquest bell somni esdevinga prompte una hermosa realitat.

âme de poète », une poésie sur les Saintes Hosties de
Pézilla-de-la-Rivière.

Elles avaient été chantées par un Évêque, illustre poète
et théologien, mais cela ne nous paraissait pas suffisant ;
nous voulions les faire chanter par la voix du génie.

Le poète, au cœur d'or, accueillit notre demande avec
cette simplicité et cette bonté qui le caractérisaient.

Trois ou quatre jours après nous recevions, par le gracieux intermédiaire de l'excellent ami M. Jules Delpont,
la fameuse poésie *Le Soleil de Pézilla*, hymne magnifique
à l'Eucharistie dont le titre seul vaut plus qu'un long
poème.

Le prêtre-poète avait fait taire sa douleur pour chanter
Jésus-Hostie ; il avait repris sa harpe suspendue aux
saules du chemin et depuis longtemps muette.

« Les quatre vers, nous écrivait-il modestement (lettre
du 12 janvier 1897), par lesquels je répondis à votre aimable invitation, jaillirent d'un trait le jour de Noël. Ce sont
les seuls que j'ai écrits depuis fort longtemps. Ils ne sont
pas dignes de Jésus dans le Très Saint-Sacrement, ni du
Mystère de Pézilla. Prenez-les tels qu'ils sont et que le bon
Jésus y voie ma bonne volonté. Un de mes rêves est d'écrire
un petit livre sur le Mystère de l'Eucharistie. Pourrai-je
le faire ? A la volonté de Dieu. En attendant, je me con-
sole à la pensée qu'en poésie comme en prose il est mieux
chanté par d'autres poètes, et surtout par les Anges, qui
veillent jour et nuit autour du Tabernacle. »

A la nouvelle que le grand poète se proposait d'écrire
un livre sur l'Eucharistie, notre cœur tressaillit d'enthousiasme et de bonheur.

Vite, nous encourageâmes Jacinto Verdaguer :

« Vous me dites qu'un de vos rêves serait d'écrire un
livre sur le mystère de l'Eucharistie.

« Fasse Jésus-Christ que ce beau rêve devienne une
magnifique réalité.

« Allá hon está 'l Cós diví es hon s'acoblen les áligues.

« Donch, enlayra 'l vol, áliga superba, y contempla ab ta mirada fonda lo Sol de l'Eucaristia, enllumena ab sos resplendents raigs a Espanya, França y 'l món enter. Jamay cap altra poeta ha cantat un tema més sublim.

« Ningú més a propósit que vós, oh sacerdot de Jesucrist, pera cantar-lo.

« No 'ns retardeu l'obra capdal de fe y d'amor ».

Somniavem un poema grandiós y nostres desitjos no 's complien. Alguna ocasió, per les confidencies d'un amich, poguerem suposar que aquesta gran obra estava preparant-se.

Comunicárem a Verdaguer les alegries y esperances que cobejavem. Mes ay! nostres illusions s'esvahiren prompte. Sa resposta del 27 d'agost de 1898 era ben terminant ;

« En Delpont vos haurá parlat ab massa benevolença dels meus pobres escrits eucaristichs.

« No n'he pas escrit ni 'n só capas d'escriure un poema, y si sols unes quantes poesies. Una d'elles es *Lo Sol de Pezillá*, que per cert es més obra vostra que meva, y tal volta per axó les altres poesies, ses companyes, temo que li serán inferiors.

« Faré solament, si a Deu plau, ma humil cançó a la sagrada Eucaristia, mes no será pas cançó de rossinyol, sinó de cigala, y de cigala vella y esmortuida pels frets de l'hivern de la vida. *Nemo dat quod non habet.*

« A entonar aqueix cant de cigala o de grill m'ajudarien algunes obres de sa llista que li remeto, esborrantne les que tinch ja per conegudes. Si li plau dexarme 'n alguna, li agrahiré, especialment les firmades per Sant Francisco de Sales, P. Faber, Monsenyor de la Bouillerie y Monsabré.

« Là où est le Corps divin, c'est là que les aigles se rassemblent.

« Prends ton vol, aigle superbe, et contemple de ton regard profond le Soleil de l'Eucharistie. Eclaire de ses rayons éclatants l'Espagne, la France, le monde. Aucun poète n'a chanté si beau sujet.

« Nul plus que vous n'est digne de le chanter, ô prêtre de Jésus-Christ.

« Donnez-nous bientôt ce chef-d'œuvre de foi et d'amour. »

Mais notre ambition n'était pas satisfaite. Nous avions rêvé d'un grandiose poème. Un moment, nous pûmes croire, sur les confidences d'un ami, que cette œuvre était en préparation.

Nous écrivîmes à Verdaguer nos joies et nos espérances. Hélas ! L'illusion ne fut pas de longue durée. Sa réponse du 27 août 1898 était décisive :

« M. Delpont vous aura parlé avec trop de bienveillance de mes pauvres écrits Eucharistiques.

« Je n'ai pas écrit et je ne suis pas capable d'écrire un poème, mais seulement quelques poésies. Une d'elles est *Le Soleil de Pézilla*, qui certes est plutôt votre œuvre que la mienne, et, à parler franchement, je crains que les autres poésies, ses compagnes, ne lui soient inférieures.

« Je ferai seulement, s'il plaît à Dieu, mon humble chant à la sacrée Eucharistie, mais ce ne sera pas le chant du rossignol, tout au plus de la cigale, et d'une vieille cigale engourdie par les froids de l'hiver de la vie. *Nemo dat quod non habet.* Personne ne peut donner ce qu'il n'a pas.

« Pour entonner ce chant de cigale ou de grillon j'aurais plaisir à lire quelques œuvres de votre liste que je vous renvoie, après avoir effacé celles que je connais déjà ; s'il vous plaît m'en prêter quelqu'une, je vous en serai reconnaissant, tout spécialement les écrits de saint François-de-Sales, du Père Faber, de Mgr de la Bouillerie et du Père Monsabré.

« Lo millor será que envieu les que bé vos sembli y no necessiteu d'alguns mesos, perqué treballo ab molta pena y sovint tinch de dexar, al pendra la volada, una poesía al pa dels Angels, per guanyar o cercar lo pa material que Deu n'hi dó ».

La composició del poeta, donchs, no consistirá en un gran poema sobre l'Eucaristía, sinó en un aplech de poemets; en lloch d'una obra magistral, ne possehirem moltes, que si no están unificades, en cambi presentarán la rica varietat dels resplendors eucaristichs : *circuma-micta varietate*.

Ben rebuts foren nostres llibres, dels quins nos deya : « He començat a saborejar y a fer l'abella sobre aquell camp de flors ».

Mes la doctrina sola no es prou pera guiar al poeta que recorre sempre a l'oració : resar una missa a Jesús Sagramentat, a l'altar major de l'iglesia de Bethlem, com nos comunicava, « davant un poble immens que m'ajudaría ab ses pregaries ». Y ell mateix demaná al Senyor « inspiració pera entonar-li un cántich nou ». (Carta del 23 de setembre de 1898).

En lletres del 31 de desembre del mateix any, humilment expressa son desitj, pera cantar « al Santíssim Sagrament, de que voldria esser més digne sacerdot y menos indigne y pobre poeta ».

De tant en tant alguna pena sobta ses inspiracions. « La situació d'Espanya no convida a cantar. No obstant, vull acabar mon salteri al Santíssim Sagrament ». Lletra del 11 de juliol de 1899).

Comprenguerem que 'l defalliment lo guanyava quan va escriure-ns : « No sé pas quan podré estampar mon llibre de l'Eucaristía. No 'm será pas possible, com no s'arreglin mos assumptes ».

Ab tot, va posar en vers dos miracles de l'hermós llibre del P. Couet, *Les Miracles du Saint-Sacrement,*

« Le mieux sera que vous m'envoyiez celles qui vous
conviendront et dont vous n'avez pas besoin, de quelques
mois, attendu que je travaille avec beaucoup de peine et
que, souvent, je dois laisser s'envoler une poésie au pain
des Anges, pour gagner ou chercher le pain matériel.
Que Dieu nous le donne ».

Ce ne sera donc pas un poème sur l'Eucharistie que
composera le grand poète : ce sera une série de petits poèmes. Au lieu d'un chef-d'œuvre nous en aurons plusieurs.
Ce ne sera pas l'unité, mais ce sera la plus riche variété
de splendeurs eucharistiques *circumamicta varietate*.

Nos livres furent bien accueillis. Il a commencé à les
savourer et à faire l'abeille sur ce champ de fleurs.

La doctrine ne va pas seule pour guider le poète. Il a
recours à la prière : il dit une messe à Jésus-Hostie, au
maître-autel de l'église de Bethléem, devant un peuple
immense qui l'aidera de ses prières. Lui-même demande
à Dieu l'inspiration pour entonner un cantique nouveau.
(Lettre du 23 septembre 1898).

Il s'humilie et voudrait être, pour chanter le Très
Saint-Sacrement, plus digne prêtre et moins indigne et
pauvre poète. (Lettre du 31 décembre 1898).

De temps en temps la tristesse l'accable et tarit ses
inspirations. La situation de l'Espagne n'invite guère à
chanter. Malgré tout, il veut achever son Psautier au
Très Saint-Sacrement. (Lettre du 11 juillet 1899).

Le découragement le gagne. Il ne sait pas quand il
pourra faire imprimer son livre sur l'Eucharistie : ce ne
sera possible qu'après avoir réglé ses affaires.

Il a cependant mis en vers deux miracles du beau
livre du P. Couet. *Les Miracles du Saint-Sacrement.*
Mais il n'a pas eu la moindre inspiration. Que Jésus-
Hostie voie sa bonne volonté. (Lettre du 31 décembre 1899).

Ses gémissements vous brisent le cœur : « Pauvre

dihent-nos : « He poetisat un parell de miracles dels del llibre hermós. Mes no he tingut pas cap inspiració : Jesús Sagramentat ne prenga la bona voluntat ». (Carta del 31 de desembre de 1899).

Sos planys fan trencar al cor : « Só vell, estich en una mar de tribulacions que no'm dexen pensar ni escriure, y menos cantar. Per l'alta poesía me sento axelat. Tantes y tant crues tempestes m'han xafades totes les flors del meu hort y m'han dexat sense un brot de poesia. Tot sia per Deu ». (Carta del 9 d'agost de 1900).

Axis com l'encisera albada senyala 'l sol, les *Flors de Maria* preparaven lo camí a les Eucaristiques. La Mare disposa la vía al seu Fill : *Ad Jesum per Mariam*. Per María 's va a Jesús.

Al posar terme, gayre bé, a ses Eucaristiques, nos escrivía Verdaguer : « Respecta a n'aquestes poesíes, estich encara indecís entre publicar-les en un sol volum o en tres o quatre petits llibrets ».

Y 'ns donava detalls de la composició dels opuscles, als que voldría « afegir-hi, si Deu volgués que sabés escriure en prosa, una videta popular de nostre Sant Pasqual Baylon (que s'ha de començar encara) ».

Lo poeta 's dignava consultar-nos : « Ara vos pregunto : Que vos ne sembla ? Quin dels dos plans vos apar millor ?... Lo gloriós sant Jacinto, que porta en una má la Santa Verge y en altre 'l Santissim Sagrament, nos inspiri a vos y a mi ». (Carta del 12 de desembre de 1900).

Manifestárem nostre humil parer al poeta, qui 'l trobá rahonable : nos determinavem per l'aplech y no pera seccionar l'obra, perqué axis minvaria l'efecte del conjunt.

« La resposta que vos me doneu a la pregunta de si es millor publicar mes Eucaristiques en varis llibrets o en un sol volum, m'ha semblat bé. Sortirán totes plegades, més axó será quan Deu voldrá ; perqué per ara

vieillard, je suis dans une mer de tribulations qui ne me laissent ni penser ni écrire, encore moins chanter. Pour la poésie de haute envolée, je me sens affaissé. Si nombreuses et si cruelles tempêtes m'ont flétri toutes les fleurs de mon jardin et m'ont laissé sans un brin de poésie. Que tout soit pour Dieu ». (Lettre du 9 août 1900).

Comme l'aurore annonce le soleil, les *Fleurs de Marie* préparaient la voie aux EUCHARISTIQUES. La Mère prépare la voie à son Fils : *Ad Jesum per Mariam.* C'est par Marie qu'on arrive à Jésus.

Verdaguer a presque achevé ses EUCHARISTIQUES. Il est indécis s'il les publiera en un seul volume ou en trois ou quatre petits livrets.

Il nous détaille la composition de ces opuscules, qu'il « ferait précéder d'une petite vie populaire de notre saint Pascal Baylon, si Dieu voulait qu'il sût écrire en prose. Cette vie n'est pas encore commencée ».

Le poète daigne nous consulter : « Que vous en semble-t-il ? Lequel des deux plans vous paraît le meilleur ? Que le glorieux saint Hyacinthe, qui porte d'une main la Sainte-Vierge et de l'autre le Très Saint-Sacrement nous inspire à vous et à moi ». (Lettre du 12 décembre 1900).

Nous fîmes connaître notre humble avis au poète, qui accepta nos raisons. Nous étions pour le bloc et non pour des éclats qui le déprécieraient.

« La réponse que vous me faites à ma question s'il convenait de publier en fascicules ou en un volume mes EUCHARISTIQUES, m'a convenu. Elles seront imprimées toutes ensemble, mais ce sera quand Dieu voudra ; pour le moment, je suis troublé et l'œuvre n'est pas encore assez faite ; que celui-là l'achève pour qui ou en l'honneur de qui elle fut commencée ».

Cette lettre du 3 janvier 1901, fut, hélas ! la dernière du grand poète.

6

estich destorbat y l'obra no está prou feta encara. Aquell l'acabi per qui o en honor de qui fou començada ».

Aquesta carta del 3 de janer de 1901, sigué, ay! la darrera que del gran poeta va arribar-nos.

No obstant, tinguerem la sort de veure a Jacinto Verdaguer quan sa vinguda a Perpinyá pera tributar los darrers homenatges a un dels millors de sos amichs, lo senyor Justi Pepratx, traductor de *L'Atlantide* y altres obres (desembre de 1901).

Abans de separar-se de nosaltres pera retornar a Barcelona va confiar-nos lo seu manuscrit, que per primera vegada, en l'any anterior, nos havía sotmès.

L'insigne poeta ja ho pressentía que no posaría fi a la seva obra :

> Oh ! Vola, áliga real,
> Axeca més la volada,
> Axeca-la cel amunt,
> Que 'l volar ja se t'acaba.

Mossen Jacinto Verdaguer volgué constituir-nos depositari de les EUCHARISTIQUES, quin preuat tresor tenim en nostres mans y, ajudant Deu, no quedará pas amagat.

Ab lo concurs dels amichs d'en Verdaguer erigirem sobre la seva tomba un monument digne de l'autor de *L'Atlantide* y del mistich incomparable.

Prompte un nou floró hermosejará la corona del poeta, ja prou valiosa y resplendent.

Resta ignorat lo nom de l'argenter de Segovia que desitjava

> Morir cisellant en or una custodia.

Mes si no conexem al primer, sabem que 'l segon, que ha fruit aquesta sort immensa, es Mossen Jacinto Verdaguer.

Després d'haver ofert a la Mare la mellor corona de les més gayes flors, *Flors de Maria*, preparava pera 'l fill una sumptuosa diadema, més esplendida que la dels reys : una diadema composta de tots los resplendors eucaristichs. Y

> S'ha mort cisellant en l'or aquesta custodia.

Nous eûmes cependant le bonheur de voir Jacinto Verdaguer, venu à Perpignan pour rendre les derniers devoirs au meilleur de ses amis, M. Justin Pépratx, traducteur de *L'Atlantide* et de diverses œuvres (décembre 1901).

Avant de nous quitter pour rentrer à Barcelone, il nous confia son manuscrit, qu'il nous avait soumis une première fois, l'année précédente.

Le grand poète avait le pressentiment qu'il n'achèverait pas son œuvre :

> Oh ! Vole, aigle royal,
> Vole encore plus haut,
> Jusqu'au ciel vole,
> Car tu vas cesser de voler.

Mossen Jacinto Verdaguer voulut nous faire le dépositaire des EUCHARISTIQUES, et ce précieux trésor est entre nos mains. S'il plaît à Dieu, il ne restera pas enfoui.

Avec le concours des amis de Verdaguer nous élèverons sur sa tombe un monument digne de l'auteur de *L'Atlantide* et de l'incomparable mystique.

Un nouveau fleuron ornera bientôt la couronne du poète, déjà si riche et si éclatante.

On ignore le nom de cet orfèvre de Ségovie qui voulait

> Mourir en ciselant dans l'or un ostensoir.

Mais si nous ne connaissons pas le premier, nous connaissons le second qui a eu cet insigne bonheur : c'est Mossen Jacinto Verdaguer.

Après avoir offert à la Mère la plus riche couronne de ses plus belles fleurs, *Fleurs de Marie*, il préparait pour le Fils le plus beau des diadèmes, plus éclatant que celui des Rois, un diadème composé de toutes les splendeurs eucharistiques. Il

> Est mort en ciselant dans l'or cet ostensoir.

Es una poesía més que humana : són cántichs y harmonies celestials com els que deuen fer sentir els Serafins dalt del cel, entre 'ls enlluernaments de la divina presencia, davant del mateix Deu.

Es més que cántichs : es una pregaria, una adoració sublim.

Axis com Fra Angèlich pintava agenollat sos Cristos y ses Madones, també Mossèn Jacinto Verdaguer devía compondre sos poemes eucaristichs, ses *Eucaristiques*, com ell les anomena, al peu del Tabernacle en lo flamejament diví de la resplendenta Hostia.

> Allí flameja 'l sol de l'Hostia Santa.
>
> Sote aquexa apariencia
> S'emmantella l'increat,
> S'hi sotmet l'Omnipotencia,
> S'hi encabeix l'Immensitat.

Despres de la crucifixió del Calvari venien les delicies del Tabor.

Com l'iman atrau a l'acer, l'Eucaristia atreya al sacerdot-poeta, que voldría esser presoner ab lo Presoner diví :

> De la presó del sagrari
> Voldría ser presoner,
> Ab vostre amor per cadena
> Y ab Vós per escarceller.

Lo trovayre de l'Eucaristia se complaurá en exhalar un cant planyívol acompanyat de son llaut d'or :

> ...Eucarístich trobador,
> Llençaré ma trista quexa
> Puntejant mon llaut d'or.

Qui mellor que 'l sacerdot-poeta pot cantar :

> Lo Deu del sagrari es gran :
> Ell engrandeix y angelisa ;
> Lo que toca 's torna sant,
> Y a qui 'l reb lo divinisa.

En ses hores d'angoxa no canta, y plora de vegades tota la nit als peus de son Estimat :

C'est une poésie plus qu'humaine : ce sont des chants et des enchantements célestes comme les Séraphins doivent en faire entendre là-haut, au milieu des éblouissements de la présence divine, dans le face à face avec Dieu.

C'est plus que des chants : c'est une prière, c'est une sublime adoration.

De même que Fra Angelico peignait, à genoux, ses Christs et ses Madones, Jacinto Verdaguer a dû composer ses poèmes eucharistiques, ses *Eucharistiques*, comme il les appelle, au pied du Tabernacle, dans le flamboiement divin de la radieuse Hostie.

> C'est là que flamboie le Soleil de l'Hostie Sainte.
>
> Sous cette apparence
> Où s'enveloppe l'Incréé,
> Où s'humilie la Toute-Puissance,
> Où se renferme l'immensité.

Après le crucifiement du Calvaire, c'étaient les délices du Thabor.

Comme l'aimant attire le fer, l'Eucharistie attire le prêtre-poète. Il voudrait être prisonnier avec le divin Prisonnier.

> De la prison du Tabernacle
> Je voudrais être prisonnier,
> Votre amour serait ma chaîne
> Et vous seriez mon doux geôlier.

Troubadour eucharistique, il se contentera d'exhaler son chant plaintif en l'accompagnant de son luth d'or.

> ...Eucharistique troubadour
> J'exhalerai mon chant plaintif
> En l'accompagnant sur mon luth d'or.

Qui, mieux que le prêtre-poète, peut chanter :

> Il est grand le Dieu du Tabernacle,
> Il agrandit et angélise,
> Il sanctifie celui qu'il touche,
> Il divinise celui qui le reçoit.

A ses heures de tristesse il ne chante plus : il pleure, quelquefois toute la nuit, aux pieds du Bien-Aimé.

> Tota la nit he plorat.
> Ahont plorará qui estima,
> Sinó als peus de l'Estimat ?

La primera de les seves poesies eucarístiques, y que
ha sigut principi y causa de totes les demés, es *Lo Sol
de Pezillá,* que comença ab aquesta incomparable imatge :

> Ton front abaxa coronat d'estrelles,
> Oh noble Canigó !
> Que un altre Rey baxá de més alt que elles
> Al cor del Rosselló !

y acaba ab un magnífich acte d'adoració :

> En son trono, que orná la primavera,
> Adora 'l Rosselló,
> Al Rey de Pezillá de la Ribera.
> Més alt que 'l Canigó

No 'l veyeu al majestuós y altívol Canigó, tant exaltat
pel poeta, acatar-se enfront de la Majestat de Deu, qui
realment está en les Hosties Santes?

Es de lo més grandiós que hi puga haver.

Nosaltres l'hem vist al venerable sacerdot, humilment
postrat en una adoració secreta ; l'hem vist contemplant
radiant y com transfigurat les Santes Hosties que tant bé
ha cantades. Talment nos sembla veure-li encara.

Aquestes Hosties han reflexat sos poderosos raigs
sobre 'l front del geni.

Prompte, al voltant del Sol de Pezillá, gravitarán en
lo cel de la poesia brillants estels que pregonarán les
glories y magnificencia de l'Eucaristía.

Quins cántichs tant purs los serafins que volategen a
l'entorn del Tabernacle han ensenyat al poeta prou
digne d'escoltar-los y compendre-'ls !

Quan per primera vegada fullejárem les EUCARISTI-
QUES, nos proposavem senyalar de pas les poesies més
notables, més nos fou difícil : passavem de sorpresa en
sorpresa, encisats, corpresos, extasiats.

Avuy, com ahir, estem baix lo mateix encís. Sem-

Toute la nuit j'ai pleuré.
Où donc pleurerait celui qui aime
Sinon aux pieds du Bien-Aimé ?

La première de ses poésies eucharistiques, celle qui a
été le principe et la cause de toutes les autres, est *Le Soleil
de Pézilla*, qui débute par cette image incomparable :

Courbe ton front couronné d'étoiles,
O noble Canigou !
Car un autre Roi, de bien plus haut qu'elles,
Est descendu au cœur du Roussillon,

et qui finit par un acte magnifique d'adoration :

Sur son trône qu'a décoré le printemps,
Adore-le, ô Roussillon,
Adore le Roi de Pézilla-de-la-Rivière,
Qui est autrement grand que le Canigou !

Le voyez-vous ce fier et magnifique Canigou, que le
poète a tant exalté, s'inclinant devant la Majesté de Dieu
présent dans les saintes Hosties ?

C'est du grandiose où il n'y en a pas.

Nous avons vu le prêtre-poète, humblement prosterné
dans une adoration muette, nous l'avons vu contemplant,
radieux et comme transfiguré, les saintes Hosties qu'il a
si bien chantées. Il nous semble y être encore.

Ces Hosties ont projeté leur puissant rayonnement
sur le front du génie.

Autour du *Soleil de Pézilla* graviteront bientôt, au ciel
de la poésie, de lumineuses étoiles qui diront les gloires
et les magnificences de l'Eucharistie.

Quels cantiques si purs les séraphins qui voltigent
autour du Tabernacle ont enseigné au poète si digne de
les écouter et de les comprendre !

Quand, pour la première fois, nous parcourûmes les
EUCHARISTIQUES, nous essayâmes de noter au passage les
poésies les plus remarquables : notre embarras fut grand.
Nous allions de surprise en surprise, ravi, fasciné, ébloui.

Aujourd'hui comme hier nous sommes sous le charme.

blants belleses no poden analisar-se, y aixís nos acontentarém en esmentar *La Cena, Meditació sobre 'l Misteri dels Misteris, Lo Crucifix y 'l Càlzer, Lo Blat, La Nit de Corpus, La processó de Corpus, La Missa de Sant Joan y La Custodia de Barcelona.*

Aquesta darrera sobre tot, que conté les proporcions d'un poema, es la més hermosa de totes y d'un lirisme perfet.

La Custodia de Barcelona no desdiu pas de l'*Oda a Barcelona*. Abdues són dos valiosos brillants que lluhirán al front de la gran ciutat, que bé pot gaudir-sen, com raigs resplendents de son patriotisme y de sa fe.

Una part important manca al manuscrit de les EUCARISTIQUES, y es lo poemet dedicat al Santissim Misteri de Sant-Joan-de-les-Abadesses, lo Sant Crist antiquissim que porta en son cap la més preuada de les reliquies, una Hostia consagrada desde fa molts segles.

Segurament no fou pas un oblit del clarissim poeta lo no haver descrit aquest miracle que devía omplir un lloch assenyalat, segons va manifestar-nos lo nostre amich y distingit deixeble del gran Verdaguer, l'Anton Busquets y Punset, qui ab aytal motiu acompanyá al cantor immortal en una visita especial que feren al Crucifix miraculós, venerat en una alta montanya de Catalunya.

Era una de les parts substancials de la seva obra, que Verdaguer servava pel final.

Pera dissort, l'enfermetat que posá terme a sos dies l'impedí executar son projecte.

Sens dupte es un joell preuat que manca a la magnifica corona eucarística, la més bella, ab la de Tomás d'Aquino, que jamay altra poeta haja ofert a Jesucrist; peró tal com es enlluerna d'aytal manera que, al admirar-la, sos resplendors no deixen veure lo que pot mancar-hi.

Los llegidors que com nosaltres tindrán més tard lo pler d'assaborir les EUCARISTIQUES de Verdaguer, no

De pareilles beautés ne peuvent s'analyser. **Nous nous
contenterons** de citer *La Cène, Méditation sur le Mystère
des Mystères, Le Crucifix et le Calice, Le Blé, La Nuit de
la Fête-Dieu, La procession de la Fête-Dieu, La Messe de
Saint-Jean, La Custode de Barcelone.*

Cette dernière, qui a les proportions d'un poème, est
la plus belle de toutes : elle est d'un lyrisme achevé.

L'*Ode à Barcelone* ne fait pas pâlir *La Custode de
Barcelone*. Ce sont deux brillants du plus grand prix au
front de la grande ville qui peut en être fière ; rayons
éclatants de son patriotisme et de sa foi.

Une partie importante manque au manuscrit des
EUCHARISTIQUES : c'est le petit poème dédié au très Saint
Mystère de Saint-Jean-de-les-Abadesses, ce Christ très
antique qui porte dans sa tête, le plus précieux des reli-
quaires, une Hostie consacrée depuis plusieurs siècles.

Sûrement ce n'est pas un oubli du grand poète de
n'avoir pas décrit ce miracle qui devait y occuper une
grande place, d'après une communication de notre ami,
disciple distingué de Verdaguer, Monsieur Antoine Busquets y Punset. Celui-ci fit, dans ce but, avec l'immortel
poète, une visite spéciale à ce crucifix miraculeux que
l'on vénère sur une haute montagne de la Catalogne.

C'était une des parties essentielles de son œuvre. Verdaguer la réservait pour la fin.

Malheureusement la maladie qui causa sa mort l'em-
pêcha de mettre son projet à exécution.

Sans doute c'est un joyau de grand prix qui manque
à la magnifique couronne eucharistique, la plus belle,
avec celle de Thomas d'Aquin, que jamais poète offrit
à Jésus-Christ ; mais, telle qu'elle est, son éclat est
si éblouissant que l'admiration dissipera tous les
regrets.

Les lecteurs qui, comme nous, auront plus tard le
bonheur de lire les EUCHARISTIQUES de Verdaguer, n'hé-

repararán pas en. classificar-les entre les obres més exquisides del poeta.

Es lo cant suprem del Cigne de Folgaroles, són els darrers batechs d'aquest gran cor de sacerdot y de poeta.

Com son gloriós patró sant Jacinto traspassant les flames, axis Mossèn Verdaguer ha pres ab una má la divina Hostia, ab l'altre a la Santissima Verge, y les ha presentades al món, pasmant-lo ab tanta gracia y majestat.

Bé 'ns plau contemplar a Jacinto Verdaguer dominant les onades de la mar quan retronen fressoses amenaçant engolir lo vaixell en que navega; bé 'ns ompla contemplar en sa ardida volada a n'aquesta Aliga real planant en l'immensitat, en los cims de les montanyes més elevades. Que n'es d'hermós! Que n'es de gran! Peró 'l trobem més admirable encara quan, en mitg de les amargues onades de la tribulació que arreu l'envolten, besa la má de Deu que 'l prova, canta ses glories y ses magnificencies eucarístiques, y d'arrobament en arrobament, d'extasis en extasis, d'ascensió en ascensió, s'enlayra fins a les altures més sublims de l'Infinit, en los resplendors de la llum y en la plenitut del amor.

Es més que 'l poeta de l'humanitat : es lo poeta de la divinitat.

En ell la personalitat sagrada del sacerdot realça la del poeta, donant-li un no sé qué de perfecció que sols pot conferir lo caracter sacerdotal.

Les Eucaristiques van a exir en lo cel de la poesia com una immensa y resplendent Custodia, més brillant que la Custodia de Barcelona, la més preciosa del món, reflectant els raigs de llum y de vida de l'Hostia santa, profitosa pera la salut dels pobles y dels individuus. *O salutaris Hostia !*

Los Congressos Eucarístichs de Paray-le-Monial y de Namur han glorificat al sacerdot-poeta.

siteront pas à les classer parmi les plus belles œuvres
du poète.

C'est le suprême chant du Cygne de Folgaroles. Ce
sont les dernières pulsations de ce grand cœur de prêtre
et de poète.

Comme son glorieux patron saint Hyacinthe traversant les flammes, Jacinto Verdaguer a pris d'une main
la divine Hostie, de l'autre la Sainte Madone, et il les a
présentées au monde ravi de tant de grâce et de tant de
majesté.

Il nous plaît contempler Jacinto Verdaguer dominant
les flots de la mer dont les vagues frémissantes menacent d'engloutir le navire qui le porte ; il nous plaît
contempler, dans son vol hardi, cet Aigle royal planant
dans l'immensité, au sommet des plus hautes montagnes.
Qu'il est beau ! Qu'il est grand ! Mais nous le trouvons
plus grand encore quand, au milieu des flots amers de
la tribulation qui l'enveloppent de toutes parts, il baise
la main de Dieu qui l'éprouve, chante ses gloires et ses
magnificences eucharistiques, et, de ravissement en ravissement, d'extase en extase, d'ascensions en ascensions, il
s'élève jusqu'aux plus sublimes hauteurs de l'Infini, dans
les splendeurs de la lumière et dans la plénitude de l'amour.

C'est plus que le poète de l'humanité : c'est le poète
de la divinité.

En lui la personnalité sacrée du prêtre relève celle du
poète et lui donne ce je ne sais quoi d'achevé que peut
seul donner le caractère sacerdotal.

Les EUCHARISTIQUES vont apparaître au ciel de la
poésie comme un immense et radieux ostensoir, plus
éclatant que la Custode de Barcelone, la plus belle du
monde, projetant les rayons de lumière et de vie de
l'Hostie Sainte, salutaire aux peuples et aux individus.
O salutaris Hostia !

Les Congrès Eucharistiques de Paray-le-Monial et de
Namur ont glorifié le prêtre poète.

Com a membres dels esmentats Congressos demaná-
rem de cor l'entrada de Mossen Jacinto Verdaguer, mal-
grat la seva modestia, que 's resistí a presentar-se.

Al començament del juny de 1897 endreçavem *Lo Sol
de Pezillá* al Senyor Baró de Sarachaga, director del
Hieron (Museu Eucaristich), qui presentá aquesta magnifica poesia al Comité del Congrés de Paray-le-Monial.

Lo Rvnt Gautey, Vicari general del Cardenal Perraud,
va llegir-la ell mateix, ab l'aplaudiment general dels
concurrents.

Lo Sol de Pezillá ha sigut publicada en les llengues
catalana y francesa en lo volum del Congrés.

Fou un moment d'alegría per Mossen Cinto quan llegí
aquestes planes, que nosaltres matexos li mostrárem en
una entrevista que ay ! devia esser la darrera.

Nos demaná dur-sen aquest llibre, que 'l servá fins
sos darrers jorns, y que conservém com un preuat
record de les nostres relacions.

Cinch anys després (del 3 al 10 de setembre de 1902)
se celebrava 'l renomenat Congrés Eucaristich interna-
cional a Namur (Belgica).

L'occasió no podía presentar-se més favorable y so-
lemne pera donar a coneixer les EUCARISTIQUES, que
l'illustre difunt acabava de llegar-nos.

Espontaniement s'obriren les portes davant del cantor
immortal de l'Eucaristia, com sens dubte havien sigut ja
obertes pera la seva bella ánima les portes de la bena-
venturada eternitat.

Honor a Sa Grandesa, Monsenyor Heylen, lo piadós y
espiritual Bisbe de Namur, president dels Congressos
Eucaristichs internacionals.

Será una gloria pera 'l Congrés de Namur l'haver
revelat les EUCARISTIQUES de Verdaguer a la pietat cris-
tiana, que hi constituirá les seves delicies.

Les EUCARISTIQUES han brillat a Paray-le-Monial, « lo

Comme membre de ces congrès nous prîmes à cœur d'y faire entrer Mossen Jacinto Verdaguer, malgré sa modestie, qui n'aurait pas osé en franchir le seuil.

Dans le courant de juin de 1897 nous adressions *Le Soleil de Pézilla* à M. le Baron de Sarachaga, directeur du *Hieron* (Musée Eucharistique), qui présenta cette magnifique poésie au Comité du Congrès de Paray-le-Monial.

M. l'abbé Gauthey, Vicaire général du Cardinal Perraud, en donna lui-même lecture aux applaudissements de l'assistance.

Le Soleil de Pézilla a été publié en catalan et en français dans le volume du Congrès.

Ce fut un moment de bonheur pour Mossen Cinto quand il lut ces pages que nous mîmes sous ses yeux dans une entrevue qui devait être, hélas ! la dernière.

Il nous demanda d'emporter ce livre, qu'il garda jusqu'à ses derniers jours et que nous conservons comme un des plus précieux souvenirs de nos relations.

Cinq ans après (du 3 au 7 septembre 1902) se tenait à Namur (Belgique), le Congrès Eucharistique international, un des plus célèbres.

L'occasion était on ne peut plus favorable et solennelle pour faire connaître les EUCHARISTIQUES que l'illustre défunt venait de nous léguer.

Spontanément les portes s'ouvrirent devant le chantre immortel de l'Eucharistie, comme, sans doute, s'étaient ouvertes déjà pour sa belle âme les portes de la bienheureuse éternité.

Honneur à Sa Grandeur Monseigneur Heylen, le pieux et spirituel Evêque de Namur, président des Congrès Eucharistiques internationaux.

Ce sera une gloire pour le Congrès de Namur d'avoir révélé les EUCHARISTIQUES de Verdaguer à la piété chrétienne, qui en fera ses délices.

Les EUCHARISTIQUES ont brillé à Paray-le-Monial, « le

primer trono eucaristich del món després de Jerusalem » ; han brillat en la santa Belgica, « que figura en primer rengle quan se tracta d'exaltar lo culte de la Sagrada Eucaristia ».

Y aixís mateix poden resplendir sobre Espanya y tot lo món.

Nosaltres, a qui 'l geni catalá s'ha dignat confiar-nos la seva obra, fidels a n'aquest encárrech sagrat, disposítém ab una piedosa veneració sobre la seva tomba, d'aqui endavant famosa, aquest monument de son amor y de sa fe, tenint-nos per ditxosos al revelar al món literari y religiós les Eucaristiques d'aquell que ha merescut esser anomenat lo nou Dant, del gran poeta épich y místich Mossen Jacinto Verdaguer.

No 'ns bastava l'haber descobert l'existencia de l'obra magistral póstuma de Verdaguer.

En la més il·lustre de nostres assamblees literaries lo nou elegit es rebut solemnement per un de sos membres més distingits, que 'l presenta al docte Areopach, donant a conéixer sos titols y sos mérits.

Aqui 'l nou electe ja 's recomana per si mateix, merexent els honors d'una celebritat universal y d'una gloriosa immortalitat.

Se tractava de presentar al públich una de ses obres més hermoses, esbadellada sobre la seva tomba com un lliri d'enlluernadora blancor.

Calia un home superior que hagués conegut al sacerdot-poeta y apreciat totes les riqueses d'aquesta gran ánima.

La Providencia, sempre generosa y delicada, nos l'ha fet trobar al tems oportú.

Tinguerem de véncer sa modestia, senyal característica del verdader mérit, que 'l feya comparar-se a la goteta d'aygua davant l'Occeá, que havia amidat en sa extensió y profonditat.

Qué pot la pobra gota devant de l'Occéa ?

premier trône Eucharistique du monde après Jérusalem » ; elles ont brillé dans la sainte Belgique, « qui est au premier rang quand il s'agit d'exalter le culte de la Sainte Eucharistie ».

Elles peuvent briller sur l'Espagne et sur le monde.

Pour nous, à qui le génie catalan a daigné confier son œuvre, fidèle à ce mandat sacré, nous déposons, avec une pieuse vénération, sur sa tombe désormais célèbre, ce monument de son amour et de sa foi, heureux et fier de révéler au monde littéraire et religieux les Eucharistiques de celui qui a mérité d'être appelé le nouveau Dante, du grand poète épique et mystique Mossen Jacinto Verdaguer.

Il ne nous suffit pas d'avoir révélé l'existence du chef-d'œuvre posthume de Verdaguer.

Dans la plus illustre de nos assemblées littéraires le nouvel élu est solennellement reçu par un de ses membres les plus distingués qui le présente au docte Aréopage et lui fait connaître ses titres et ses mérites.

Ici le récipiendaire se recommande par lui-même et a déjà mérité les honneurs d'une célébrité mondiale et d'une glorieuse immortalité.

Il s'agit de présenter au public une de ses plus belles œuvres, épanouie sur sa tombe comme un lys d'éclatante blancheur.

Il fallait un homme supérieur qui eût connu le prêtre-poète, et qui eût apprécié toutes les beautés et toutes les richesses de cette grande âme.

La Providence, toujours généreuse et délicate, nous l'a fait rencontrer au moment opportun.

Nous avons dû vaincre sa modestie, signe caractéristique du vrai mérite, qui le faisait se comparer à la petite goutte d'eau devant l'Océan dont il avait mesuré l'étendue et la profondeur.

Que peut la petite goutte devant l'Océan ?

La gota d'aygua s'ha convertit en un acaudalat riu que ha portat a la mar son abundant tribut.

Lo dexeble era digne d'alabar al Mestre, qui l'havía distingit entre tants d'altres estimant-lo ab un afecte singular.

Quan Elías se 'n pujá al Cel en un carro de foch, dexá son mantell al seu dexeble Eliseu.

Al dexar aquest món l'illustre poeta catalá, s'ho ha emportat tot, geni, gloria, immortalitat ?

Afortunadament pera les lletres y la patria catalana, res ha succehit aixis.

Lo místich sublim, desde 'l Cel, inspira encara als místichs de la terra.

L'amistat ha escrit molt bé del geni.

Com les insignes reliquies, les EUCARISTIQUES oferexen una presentació admirablement cisellada.

La literatura catalana compta ab una bella obra més : lo prefaci d'en Pere Palau González de Quijano.

Que 'ls Sants Patrons de Verdaguer, Jacinto, Segimon y Ramon, testimonis celestials de son baptisme ; que 'ls Sants a qui ha cantat, Joan, lo dexeble estimat ; Francesch d'Assís, l'exemplar més acabat de Crist ; Eularia, honra y gloria de Barcelona ; sant Jordi, l'incomparable guerrer, patró de Catalunya ; sant Pasqual-Baylon, l'humil frare franciscá y 'l gran Sant de l'Eucaristia, constituexin un magnifich acompanyament a les EUCARISTIQUES, grandiosa y poética Custodia del sacerdot-poeta qui fou lo viricle real de Jesucrist, y que l'Iglesia celestial envihi a l'Iglesia de la terra 'l ressó d'aquests cants, melodioses harmonies que les arpes angéliques, ressonantes d'amor, deuen afinar al voltant del trono del Anyell eternalment sacrificat.

AGUSTI VASSAL,

Cavaller de Sant Gregori 'l Gran.

La goutte d'eau est devenue un grand fleuve qui a porté son magnifique tribut à la mer.

Le disciple était digne de louer le Maître qui l'avait distingué parmi tant d'autres et qui l'avait aimé d'une spéciale affection.

Quand Elie monta au ciel dans un char de feu, il laissa son manteau à son disciple Elisée.

En quittant ce monde le grand poète catalan a-t-il tout emporté, inspiration, génie, gloire, immortalité ?

Heureusement pour les lettres et la patrie catalane, il n'en est pas ainsi.

Le sublime mystique du ciel inspire encore les mystiques de la terre.

L'amitié a bien écrit du génie.

Comme les insignes reliques, les EUCHARISTIQUES ont une monstrance merveilleusement ciselée.

La littérature catalane compte une belle œuvre de plus : la préface de Pere Palau Gonzalez de Quijano.

Que les Saints Patrons de Verdaguer, Hyacinthe Sigismond et Raymond, célestes témoins de son baptême ; que les Saints qu'il a chantés, Jean le disciple bienaimé ; François d'Assise, le plus vivant exemplaire du Christ ; Eulalie, l'honneur et la gloire de Barcelone ; que saint Georges, l'incomparable guerrier, patron de la Catalogne ; que saint Pascal-Baylon, le petit frère franciscain et le grand Saint de l'Eucharistie, fassent un magnifique cortège aux EUCHARISTIQUES, grandiose et poétique Ostensoir du prêtre poète qui fut l'Ostensoir vivant de Jésus-Christ, et que l'Église du ciel renvoie à l'Église de la terre les échos de ces chants, mélodieuse harmonie que les harpes des Anges, frémissantes d'amour, doivent redire autour du trône de l'Agneau éternellement immolé.

AUGUSTIN VASSAL,
Chevalier de Saint-Grégoire le Grand.

7

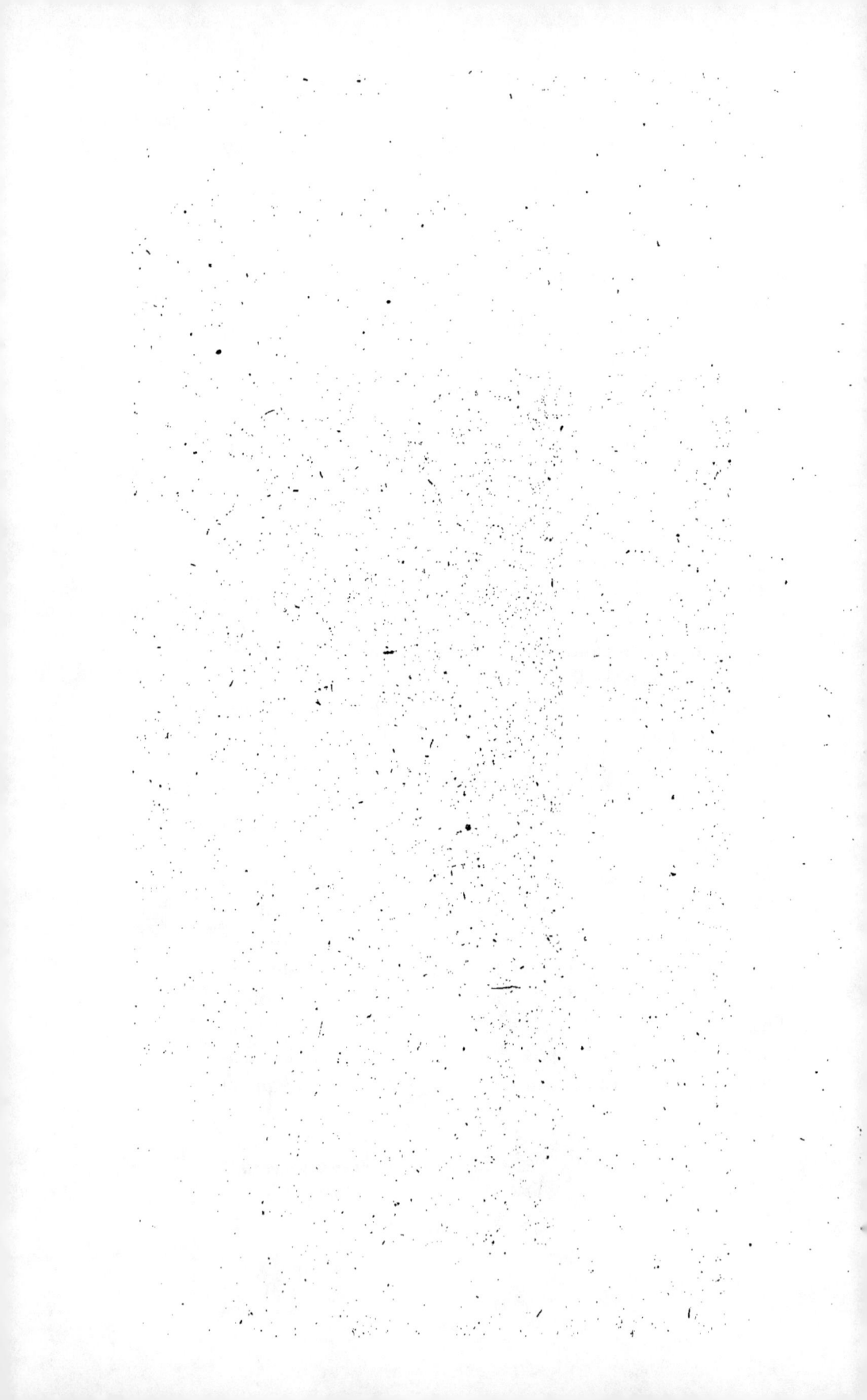

LETTRES

de Mossen Jacinto Verdaguer

à Monsieur Augustin VASSAL

Chevalier de Saint-Grégoire-le-Grand

I

Honradissim Senyor Agusti VASSAL,

Vosté m'ha deixat llegir les cartes qu'havia rebut de Mossen Cinto, y li estimi de bó. Quinos bons recorts m'han vingut, de per mesura que les he llejides! Y amb quin mirament les he manejades! ja qu'aqueixes cartes son, desde are, com unes reliquies d'aquell bon y sant home que era Mossen Cinto. « Es un santet », havia ohit á dir d'ell, á Barcelona : « es un santet », pera nosaltres que l'hem conegut, y qui llejeixi les seues cartes, ho dirá també.

En elles s'hi veu lo seu amor á Jesus Nostre-Senyor y á Maria santissima ; y alguna vegada hi deixa sentir també, les penes y miseries que passava per aquellos anys del 1895 al 1900 : y per rahó de lo que patia, es casi tot tremolant que per primera vegada 'l vaig anar á trobar, pe 'l Nadal de 1896.

S'estava á Barcelona, á n'un tercer pis, en un carrer allunyat. Me va rebrer amb una sensillesa, una franquesa, que arreu me deixaren asserenat. Encare me sembla del veurer, alt com era, assentat en una cadira de brassos, de fusta ; quina veu més dolsa y mes encantadora, ell tenia! y com les paraules li sallien del cor !

Tot li enrahónant, no més qu'una estóneta, me va venir amb aqueixes respostes : « Miri, á Nostre-Senyor lo varen clavar á la « creu, entre-mitg de dos lladres : donchs, bé me poden venir « penes, á n'á mi... », y « Mé 'n anavi cap al cel, per cami de roses, y al cel no s'hi pot arribar que per cami d'espines ». Aqueixes paraules, prenguém-les també pera nosaltres.

Y quan hi vaig anar á me 'n despedir, m'entregá pera vosté, la poesia A les Santes Hosties de Pezillá que, per la seua humilitat, ni l'havia firmada, si V. se recorda.

D'aqui va venir la gran amistat de V. pera Mossen Cinto, una amistat que li ha servat per sempre més.

Deu lo guart, molt honrat Senyor Vassal, y me torni á dir lo seu bon servidor,

Juli DELPONT.

Janer de 1913.

I

Très honoré Monsieur Augustin VASSAL,

*Vous m'avez permis de lire les lettres que vous aviez reçues
de l'abbé Jacinto Verdaguer et je vous en remercie sérieusement.
Quels bons souvenirs m'en sont venus, à mesure que je les lisais !
Et avec quel respect je les ai feuilletées ! Car ces lettres sont, dès
ce moment, des reliques du bon et saint homme qu'était Mossen
Cinto. « C'est un petit saint », avais-je entendu dire de lui, à
Barcelone ; « c'est un petit saint », pour nous qui l'avons connu
et ceux qui liront ses lettres le diront aussi.*

*Dans ses lettres on voit son amour pour Jésus Notre-Seigneur
et Marie Très-Sainte ; parfois il y laisse percer aussi les peines
et les misères qu'il passait pendant les années de 1895 à 1900,
et à cause de ce qu'il souffrait, c'est comme en tremblant que
pour la première fois j'allais le trouver, à la Noël de 1896.*

*Il restait à Barcelone, en un troisième étage, en une rue
éloignée. Il me reçut avec une délicatesse, une franchise qui me
laissèrent vite rassuré. Encore, il me semble le voir, grand
comme il était, assis sur une chaise aux bras de bois ; quelle
voix plus douce et plus musicale, il avait ! et comme les paroles
lui sortaient du cœur !*

*Pendant que nous nous entretenions, un petit moment, il me
vint avec ces réponses : « Voyez-vous, Notre-Seigneur on le cloua
à la croix, entre deux voleurs ; donc, des peines peuvent bien
me venir à moi... » et « j'allais au ciel par un chemin de roses,
et au ciel on ne peut y arriver que par un chemin d'épines ».
Ces paroles prenons-les aussi pour nous.*

*Et quand j'y revins pour en prendre congé, il me remit pour
vous la poésie Aux Saintes Hosties de Pézilla que, dans son
humilité il avait négligé de signer, si vous vous le rappelez.*

*De là vint votre grande amitié pour Mossen Cinto, une amitié
que vous lui avez conservée à tout jamais.*

*Que Dieu vous garde, très honoré Monsieur Vassal, et je me
dis à nouveau votre respectueux ami,*

JULES DELPONT.

Janvier de 1913.

II

Visca Jesus
en les sagrades Hosties de Pezillá.

Senyor Agusti VASSAL.

Noble y estimat Senyor y Amich,

Dispensaume si fins avuy no he respost á vostres afectuoses lletres. Me n'han privat un viatge que acabo de fer en penés y tribulacions que passo, com ja sabeu, cada dia més amargantes.

Més ne passá lo bon Jesus per nosaltres; alabat sia per sempre.

Los quatre versos ab que respongui á vostre honrosa invitació me sortiren d'un raig lo dia de Nadal y son los unichs que he escrits fa molt temps. No son pas dignes de Jesus Sagramentat, ni del Misteri de Pezillá : mes tal com sian, preneu'ls vos y prenga'n lo bon Jesus la bona voluntat.

En la estrofa 8ª poden optar entre *fills* o *cors;* no se que pot fer millor efecte, com en la estrofa 9ª... ? no se si valdria més dir *á Ceret* que *á la Tet.*

Si en altra cosa puch corretjir ma pobre poésie, ho faré ó veuré de ferho si m'avisau.

Un de mos somnis es escriure un llibret sobre 'l Misteri de la Eucaristia.

¿ Ho podré fer? A la voluntat de Deu. Mentres tant m'aconorta pensar que en poesie o en prosa lo canten millor altres poetes y sobre tot los Angels que fan la vetlla de dia y de nit al voltant del Tabernacle.

Aprofitant tant belle ocasió me repetesch vostre de cor en l'amor de *Jesus Sagramentat per sempre sia alabat*

Jacinto VERDAGUER, Pre.
Barcelona, carrer de Aragó, 271-3.

12 janer 1897.

II

Vive Jésus
dans les Hosties consacrées de Pézilla.

Monsieur Augustin VASSAL.

Noble et estimé Monsieur et Ami,

Excusez-moi si jusqu'à ce jour je n'ai pas répondu à vos affectueuses lettres. J'en ai été empêché par un voyage que j'achève au milieu des peines et tribulations que je passe, comme vous le savez déjà, chaque jour plus amères.

Mais le bon Jésus en a passé bien d'autres pour nous : qu'il soit loué pour toujours !

Les quatre vers, par lesquels je répondis à votre honorable invitation, me sortirent d'un trait le jour de Noël et sont les seuls que j'ai écrits depuis longtemps. Ils ne sont pas dignes de Jésus Sacramenté, ni du Mystère de Pézilla ; mais tels qu'ils sont, acceptez-les et que le bon Jésus en accepte ma bonne volonté.

A la strophe 8e, on peut opter entre *fils* ou *cœurs :* je ne sais ce qui peut faire meilleur effet, comme en la strophe 9e, je ne sais s'il vaudrait mieux dire *à Céret* que : *à la Tet !*

Si sur autre chose, je puis corriger ma pauvre poésie je le ferai ou tâcherai de le faire, si vous m'en avisez.

Un de mes rêves est d'écrire un petit livre sur le Mystère de l'Eucharistie.

Pourrai-je le faire ? A la volonté de Dieu ! En attendant il me plaît de penser qu'en poésie ou en prose, le chantent mieux d'autres poètes et surtout les Anges qui font la veille de jour et de nuit autour du tabernacle.

Profitant d'une si belle occasion, je me redis vôtre de cœur en l'amour de *Jésus Sacramanté qu'Il soit loué pour toujours !*

Jacinto VERDAGUER, Pre.

12 janvier 1897.

III

Sia Jesus l'amat de nostres cors.

Senyor Agusti Vassal.
Estimadissim Senyor y Amich,

Gracies mil per los exemplars de *Hommage aux Saintes Hosties de Pezilla*, que acabo de rebre.

Massa honor fa en ell á mes pobres versos: que, si algun merit tenen, es d'anar dirigits al gloriosissim *Sol de Pezilla*. Verament tot lo que s'acosta á Jesucrist creix, y per engrandir als petits debia dir a sos apostols: *Sinite parvulos venire ad me.*

Gran merces per les belles paraules que v. dedica á mes tribulacions. La corone despines es lo joyell mes gran que nostre Senyor pot enviar als que estima; demane-li v. que la sápiga mereixer y que la sápiga portar.

Veli aqui un petit cantich meu al Santissim Sagrament, que s'ha cantat molt per Catalunya.

Per sempre sia alabat lo santissim Sagrament.

Mane y dispose d'aquest seu afm, y agrahit s. y a.

Jacinto Verdaguer, Pre.

12 avril 1897.

III

Que Jésus soit l'aimé de nos cœurs.

Monsieur Augustin Vassal.

' Estimé Monsieur et Ami,

Mille gràces pour les exemplaires de l'*Hommage aux Saintes Hosties de Pézilla* que je viens de recevoir.

Vous faites trop d'honneur dans cet écrit à mes pauvres vers. S'ils ont quelque mérite, c'est de s'appliquer au très glorieux *Soleil de Pézilla !*

Vraiment tout ce qui s'approche de Jésus-Christ croît, et pour grandir les petits, Il devait dire à ses apôtres ;

Laissez les petits venir à moi !

Grand merci pour les belles paroles que vous consacrez à mes tribulations. La couronne d'épines est le joyau le plus grand que Notre-Seigneur peut envoyer à ceux qu'Il aime ; demandez-lui vous-même que je sache la mériter et que je sache la porter.

Sous ce pli voici un de mes petits cantiques au très Saint-Sacrement qui est beaucoup chanté en Catalogne.

Que toujours soit loué le très Saint-Sacrement.

Ordonnez et disposez de votre affectueux et reconnaissant serviteur et ami.

Jacinto Verdaguer, Pre.

12 avril 1897.

IV

Jesus, Joseph y Maria
Sian nostra companyia.

Senyor Agusti Vassal.

Estimadissim Senyor y Amich,

Si, gracies á Deu m'han tornat lo calzer d'or que tant desitjava y tórno á beure en la font sagrada que baxa del cel á nostres altars. Mes algunes espines quedan clavades en mon front de la corona que vos recordau. Encara tinch mes obres embargades y alguns deutes que no'm dexan un moment de repos. Alabat sia Deu.

He sentida fondament la mort de la filla de nostre bon amich M. Pepratx. Vos que estau aprop seu donauli algun mot de consol, que tot ho mereix.

No se quan estaré prou tranquil per escriure, com desitjo, quelcom sobre la Eucaristia.

Queda vostre de cor en lo cor de Jesus sagramentat.

Jacinto Verdaguer, Pre.

Dies de Pasqua de 1898.

IV

Jésus, Marie, Joseph
Soient notre compagnie.

Monsieur Augustin Vassal.

Très aimé Monsieur et Ami,

Oui, grâces à Dieu, on m'a rendu le Calice d'or que je désirais tant et je reviens boire à la fontaine sacrée qui descend du ciel sur nos autels. Mais quelques épines restent clouées sur mon front de la couronne que vous rappelez. Encore j'ai mes œuvres saisies et quelques dettes qui ne me laissent pas un moment de repos. Loué soit Dieu !

J'ai ressenti profondément la mort de la fille de notre bon ami M. Pépratx. Vous qui êtes près de lui, donnez-lui quelques mots de consolation ; il les mérite bien.

Je ne sais quand je serai assez tranquille pour écrire, comme je le désire, quelque chose sur l'Eucharistie.

Je reste vôtre de cœur dans le cœur de Jésus Sacramenté.

Jacinto Verdaguer, Pre.

Jours de Pâques de 1898.

V

Per sempre sia alabat Jesucrist Sacramentat.

Senyor Agusti Vassal.

Mon respectable Senyor y Amich,

Nostre bon amich M. Delpont haura parlat á vos ab massa benevolencia de mos pobres escrits eucaristichs.

No n'he pas escrit, ni 'n so capas d'escriure un poema, y si sols unes quantes poesies per celebrar ma segona missa nova. Una d'elles es *lo Sol de Pezillá*, que per cert, es mes obra de v. que meva, y tal volta per axo, les altres poesies ses companyes, temo que li seran inferiors.

Faré solament, si á Deu plau, ma humil cansó á la sagrada Eucaristia, mes no sará pas cansó de rossinyol, sino de cigala, y de cigala vella y esmortida per les frets del hivern de la vida. *Nemo dat quod non habet.*

A entonar aqueix cant de cigala o de grill m'ajudarian algunes obres de sa llista que li remeto, esborrantne les que tinch ja per conegudes. Si li plau dexarmen alguna li agrahire ; especialment les firmades per S. Francs de Sales, P. Faber, Mgr de la Bouillerie y Monsabré. Lo millor será que envie les que be li semble y v. no necessite d'alguns mesos, puig treballo ab molta pena y sovint tinch de dexar, al pendra la volada una poesia al pa dels Angels, per guanyar ó cercar lo pa material, que Deu n'hi do !

Ell sia sempre ab vos y ab aquest seu afm amich en Jesus-Sagramentat.

Jacinto Verdaguer, Pre.

27 août 1898.

V

*Pour toujours soit loué Jésus-Christ
dans le Très Saint-Sacrement.*

Monsieur Augustin Vassal,

Mon respectable Monsieur et Ami,

Notre bon ami M. Delpont vous aura parlé avec trop de
bienveillance de mes pauvres écrits eucharistiques.

Non, je n'ai pas écrit et ne suis pas capable d'écrire un
poème, mais seulement quelques poésies, pour célébrer ma
seconde première messe. L'une d'elles est le *Soleil de Pézilla*,
qui sûrement est plutôt votre œuvre que la mienne : les
autres poésies, ses compagnes, je crains qu'elles lui soient
inférieures.

Je ferai seulement, s'il plaît à Dieu, mon humble chanson à
la sacrée Eucharistie, mais ce ne sera pas chanson de
rossignol, sinon de cigale, et de vieille cigale, amortie par les
froids de l'hiver de la vie. *Personne ne peut donner ce qu'il n'a
pas.*

Pour entonner ce chant de cigale ou de grillon m'aideraient
quelques œuvres de votre liste que je vous remets, effaçant
celles que je connais déjà. S'il vous plaît de m'en laisser
quelques-unes, vous me feriez plaisir, spécialement les écrits
de saint François de Sales, du Père Faber, de Mgr de la
Bouillerie et du Père Monsabré.

Le mieux sera que vous envoyiez les œuvres que bon vous
semble et dont vous n'aurez pas besoin de quelques mois, car
je travaille avec beaucoup de peine et souvent je dois laisser
s'envoler une poésie au Pain des Anges, pour gagner ou
chercher le pain matériel, que Dieu nous donne !

Qu'Il soit toujours avec vous et avec votre affectionné
Jésus-Sacramenté.

Jacinto Verdaguer, Pre.

27 août 1898.

VI

J. M. J.

Senyor Agusti VASSAL.

Molt estimat Senyor y Amich,

Ahi vespre tingui 'l plaher de rebre los llibres que v. s'ha servit dexarme sobre la Eucaristia. He comensat á saborejar los y á fer l'abella sobre aquell camp de flors.

Gracies per ells tots y per los de Mgr de Segur y del P. Faber de que m'ha volgut fer present.

He llegit tambe ab molt gust son bell article sobre la preciosa reliquia de la *Má de Sant Joan*, de la Seu de Perpinyá. La ultima vegada que vegi al venerable coronel Puiggari, mè digué qui escribia sobre la matexa santa reliquia.

Grans merces, d'una manera especial, per la missa que m'ha encomanada á Jesus Sagramentat. La digui lendemá de rebrela, diumenge passat, en l'altar major de Betlem, devant un poble immens que m'ajudaria ab ses pregaries. Despres de demanarli, com vos me diu, inspiració per entonarli un cantich nou, no dexi de demanarli per vos y per mi.

Deu li pach tantes amabilitats ab paga temporal y eterna.

Seu de cor, en lo cor de Jesus Sagramentat.

Jacinto VERDAGUER, Pre.

23 septembre 1898.

P. S. — Veja v. quatre versos sobre un gran devot de la Eucaristia que acabo d'escriure, y formaran part de mon llibret *Monserrat*, si á Deu plau.

VI

J. M. J.

Monsieur Augustin Vassal.

Très aimé Monsieur et Ami,

Hier soir, j'eus le plaisir de recevoir les livres qu'il vous a plu de me prêter sur l'Eucharistie. J'ai commencé à les savourer et à faire l'abeille sur ce champ de fleurs.

Grâces pour eux tous et pour ceux de Mgr de Ségur et du P. Faber dont vous avez voulu me faire présent.

J'ai aussi lu avec beaucoup de plaisir votre bel article sur la précieuse relique de la *Main de Saint-Jean*, de la Cathédrale de Perpignan.

La dernière fois que je vis le vénérable colonel Puiggari, il me dit qu'il écrivait sur la même sainte relique.

Grand merci, d'une manière spéciale, pour la messe que vous m'avez demandée pour Jésus Sacramenté. Je la dis le lendemain même, dimanche dernier, au maître autel de l'église de Betlem, devant un peuple immense qui m'aida de ses prières.

Après lui avoir demandé, comme vous me le dites, l'inspiration pour entonner un cantique nouveau, je ne cessai de le prier pour vous et pour moi.

Que Dieu vous paie tant d'amabilités en grâce temporelle et éternelle.

Votre de cœur dans le cœur de Jésus Sacramenté.

Jacinto Verdaguer, Pre.

23 septembre 1898.

P. S. — Voici quatre vers sur un grand dévot de l'Eucharistie, que j'achève d'écrire. Ils formeront une partie de mon livret *Montserrat*, s'il plaît à Dieu.

VII

Sia Jesus l'amor de nostre cor.

Senyor Agusti VASSAL.

Mon respectable Senyor y estimat Amich,

Tan mateix es hora de contestar á sa afectuosa lletra de la vigilia de Nadal, tan plena d'afecte á mi y d'amor al Santissim Sagrament de qui voldria ser mes digne sacerdot y menos indigne y pobre poeta.

No he oblidades pas nostra anada á Pezilla-de-la-Ribera y la poetica festa de la capella de Jesus Infant. Me 'n recordo tots los dies y no crech oblidarmen mes. Deu conserve á Perpinyá devots de Jesus Infant com los que v. coneix y devots del Santissim com los que jo conech y no tindrá poch aquexa ciutat.

Lo dia de Nadal vaig oferir la primera Missa, conforma á sa petitio, per la gloria del Santissim Sagrament y de les Santes Hosties de Pezillá. Deu li pach lo bon recort.

Del miracle Eucharistich de Iborra ne acabo de veure una relació curta en un llibret que si 'l trobo per vendre li enviaré.

Salude de part meva á sa noble senyora.

Bon any y bon sempre, que l'hi dó Jesus Infant á tots vostés y á aquest seu afm. a.

Jacinto VERDAGUER, Pre.

31 décembre 1898.

VII

Que Jésus soit l'amour de notre cœur.

Monsieur Augustin VASSAL.

Mon respectable Monsieur et estimé Ami,

Tout de même il est temps de répondre à votre affectueuse lettre de la vigile de Noël, si pleine d'affection pour moi et d'amour pour le Très Saint-Sacrement de qui je voudrais être plus digne prêtre et moins indigne et pauvre poète.

Je n'oublie pas notre pèlerinage à Pézilla-de-la-Rivière et la poétique fête de la chapelle de Jésus Enfant. Je m'en souviens tous les jours et ne crois plus les oublier. Que Dieu conserve à Perpignan les dévots de Jésus Enfant comme ceux que vous connaissez et des dévots du Très Saint Sacrement, comme ceux que je connais et n'aura pas peu cette cité.

Le jour de Noël j'offris ma première Messe, conformément à votre demande, pour la gloire du Très Saint-Sacrement et des Saintes Hosties de Pézilla. Que Dieu vous en paie le bon souvenir.

Au sujet du miracle eucharistique de Iborra, j'achève de voir une courte relation dans un petit livret. Si je le trouve en vente je vous l'enverrai.

Saluez de ma part votre noble dame.

Bonne année et toujours bonne le bon Jésus Enfant vous accorde, et tous les vôtres soyez aimés par Lui ainsi que votre affectionné.

                                        Jacinto VERDAGUER, Pre.

31 décembre 1898.

8

VIII

J. M. J.

Senyor Agusti VASSAL.

Mon respectable Senyor y Amich,

Mil mercés per la relació que m'enviau d'un miracle cuca-ristich del sigle x.

Celebro que vos agrade la que jo us envihé del miracle de Iborra. Un y altre son mes propis per la prosa que per lo vers. Jo no n'he sabut traure cap inspiracio. Son flors que demanan una abella millor.

Llegiré ab molt gust lo miracle que m'anunciau de Sant Antoni de Padua. Avuy mateix escrich al Senyor Pépratx sobre la fotografia que m'envia. Me fa mes jove de lo que so y no meresch pas la honra que 'm fa aqueix artista.

Les Santies Hosties de Pezillá si que son merexedores del homenatge artistich que li volen fer y de tots los homenatges del cel y de la terra.

Gloria a Jesus Sagramentat. Queda y se repeteix en Ell, vostre afm. s. y. a.

Jacinto VERDAGUER, Pre.

22 febrer 1899.

P. S. — No se quina poesia eucaristica enviarvos per aqueix entus-siasta y amable poeta de Caen. Falta de cosa millor, preneune la bona voluntat, ab les adjuntes estrofes.

VIII

J. M. J.

Monsieur Augustin Vassal.

Mon respectable Monsieur et Ami,

Mille mercis pour la relation que vous m'envoyez d'un miracle eucharistique du xᵉ siècle.

Je suis heureux que vous plaise celle que je vous envoyai du miracle de Iborra. L'un et l'autre s'adaptent mieux à la prose qu'au vers. Je n'ai vraiment su trouver aucune inspiration. Ce sont des fleurs qui demandent une abeille meilleure.

Je lirai avec beaucoup de goût le miracle que vous m'annoncez de Saint-Antoine de Padoue.

Aujourd'hui même j'écris à M. Pépratx sur la photographie qu'il m'envoie. Il me fait plus jeune que je ne suis et je ne mérite pas l'honneur que me fait l'artiste.

Les Saintes Hosties de Pézilla, oui, méritent bien l'hommage artistique que vous voulez leur faire et tous les hommages du ciel et de la terre.

Gloire à Jésus Sacramenté. Il me plaît de me redire en Lui votre très aimé.

Jacinto Verdaguer, Pre.

22 février 1899.

P. S. — Je ne sais quelle poésie eucharistique vous envoyer pour cet enthousiaste et aimable poète de Caen. Faute de mieux, prenez ma bonne volonté avec les strophes ci-jointes,

IX

Jesus, Joseph y Maria
Sian nostra companyia.

Senyor Agusti VASSAL,

Mil merces pel *Miracle de Sant Antoni* que m'enviá á primers d'avril y altres tants per la lletra de l'autor de *Vita Vitæ Meæ* á qui acabo d'escriure, que s'ha servit enviarme. Com no parla mes que de mes Flors del Calvari desitjaria que me 'n fes plaher.

Son llibre es un joyell de poesia mistica y de vera devoció.

Bon pensamen lo de posar les poesies de Mgr Gerbet y de Mgr Saivet en vostra bella obra de les Santes Hosties de Pezillá. No conech pas les del ultim y les llegiré ab molt gust com tot lo que 's refereix al Santissim Sagrament.

Avuy es Sant Pasqual Baylon.

Si jo m'hagués trobat en altre situació, hauria anat á la peregrinació que hi ha á sa tomba, ara m'hi tinch d'encomanar desde assi.

Ell guia la meva plóma per escriure sobre la Santa Eucharistia.

He escrit una poésie sobre 'l celebre *Miracle dels Peixets*, del regne de Valencia, com Sant Pasqual, succehit en Alboraya, als primers de joliol de 1348. S'en parlá en lo congres Eucaristich de Valencia.

Salude al inovidable amich Senyor Pépratx á qui envio com á vos mon poemet de Santa Eularia, sortit en tan bon dia com avuy. Sera ara mon primer llibre 'l de Jesus Sagramentat ?

Ell sia *Vitæ vitæ nostræ*, com desitja vostre afm. amich.

Jacinto VERDAGUER, Pre.
Dia de Sant-Pasqual.

17 mai 1899.

IX

Jésus, Joseph et Marie
Soient notre compagnie.

Monsieur Augustin Vassal,

Mille mercis pour le *Miracle de Saint-Antoine* que vous m'avez envoyé aux premiers jours d'avril. Mille autres pour la lettre de l'auteur de *Vita Vitæ Meæ* à qui je viens d'écrire et que ce dévot m'a envoyée. Comme il ne parle plus que de mes Fleurs du Calvaire, je désirerais qu'il me fît ce plaisir.

Son livre est un joyau de poésie mystique et de vraie dévotion.

Vous avez eu une bonne pensée de mettre les poésies de Mgr Gerbet et de Mgr Saivet dans votre belle œuvre des Saintes Hosties de Pézilla. Je ne connais pas celles du dernier, et je les lirai avec beaucoup de plaisir, comme tout ce qui se réfère au Très Saint-Sacrement.

Aujourd'hui c'est Saint Pascal-Baylon.

Si je m'étais trouvé dans une autre situation, je serais allé au pèlerinage que l'on fait à sa tombe, mais je dois m'y recommander d'ici même.

Qu'il guide ma plume pour écrire sur la Sainte Eucharistie.

J'ai écrit une poésie sur le célèbre *Miracle des Poissons* du royaume de Valence, comme Saint Pascal, survenu à Alboraya, aux premiers jours de juillet de 1348. On en a parlé au congrès Eucharistique de Valence.

Saluez l'inoubliable ami M. Pépratx à qui j'envoie comme à vous mon petit poème de Sainte Eulalie, sorti en une si belle journée qu'aujourd'hui. Maintenant mon premier livre sera-t-il celui de Jésus Sacramenté ?

Qu'il soit la *Vie de notre Vie*, comme le désire votre très affectionné ami.

Jacinto Verdaguer, Pre.
Jour de Saint-Pascal.

17 mai 1899.

X

Alabat sia per sempre lo Santissim Sagrament.

Senyor Agusti VASSAL.

Mon estimat Amich,

Tard y á deshora responch á sa afectuosa lletra.

Gracies mil per la que 'm inclou de l'inspirat poeta llati M. l'abbé Cosson. La guardaré com una joya, com l'altra joya que se serveix enviarme ab les *Pensées de Mgr Saivet sur l'Eucharistie.* Tot hi es or.

No sorti pas de Barcelone lo pelerinatge á la tomba de Sant Pasqual Baylon, sinó de Castelló de la Plana, ciutat aprop de Valencia. Llástima que son glorios sepulcre de Villareal estiga lluny de la via ferrea! Mes jo espero que Deu me 'l dexara visitar algun dia.

Avuy he escrit un petit cant al cardinal Vives, despres de visitar son poble nadiu de Llevaneras. Jo lo conech molt, com lo deu conexer V. per haver estat algun tems á Perpinyá.

La situacio d'Espanya no convida á cantar, no obstant vull acabar mon salteri al Santissim Sagrament.

Ajudem 'hi V. ab ses oracions y dispose de son amich.

Jacinto VERDAGUER, Pre.

11 joliol 1899.

P. S. — Veliaqui la unica copia que tinch del *Miracle dels Peixets,* li agrahire se servexa retornarme.

Me podria dexar veure V. lo llibre del P. Couet, *Miracles Historiques du Saint-Sacrement?* li tornaré tambe prompte y me 'n ferá gran obsequi.

X

Loué soit pour toujours le Très Saint-Sacrement.

Monsieur Augustin VASSAL.

Mon aimé Ami,

Tard et après l'heure, je réponds à votre affectueuse lettre.

Mille grâces pour celle que vous m'avez adressée de l'inspiré poète latin M. l'abbé Cosson. Je la garderai comme celle que vous m'envoyez des *Pensées de Mgr Saivet sur l'Eucharistie.* Tout y est or.

Ce n'est pas de Barcelone que sortit le pèlerinage à la tombe de Saint Pascal Baylon, mais de Casteillon de la Plaine, cité près de Valence. Je regrette que son glorieux sépulcre de Villaréal soit loin de la voie ferrée ! Mais j'espère que Dieu me le laissera visiter quelque jour.

Aujourd'hui j'ai écrit un petit chant au cardinal Vives, après ma visite à son village natal de Llevanères. Je le connais beaucoup, comme vous devez le connaître vous-même pour l'avoir eu quelque temps à Perpignan.

La situation de l'Espagne n'invite pas à chanter, malgré tout je veux achever mon psautier au Très Saint-Sacrement.

Aidez-moi avec vos prières et disposez de votre ami.

Jacinto VERDAGUER, Pre.

11 juillet 1899.

P. S. — Voici l'unique copie que j'ai du *Miracle des petits Poissons.* Je vous serai reconnaissant de me la retourner après l'avoir lue.

Pourriez-vous me laisser voir le livre du Père Couet, *Miracles Historiques du Saint-Sacrement ?* Je vous le retournerai aussi promptement et vous m'en feriez un grand bienfait.

XI

Per sempre sia alabat
lo Santissim Sagrament.

Senyor Agustí VASSAL.

Mon estimat Amich y Senyor,

Com m'hauria plagut poder assistir al congres Eucaristich de Lourdes, mes no m'he pogut moure de Betlhem y Betlhem pot aconsolar de Lourdes. Mes ay! tampoch m'en podré moure per anar a dir la missa que m'encarregau en lo altar de Sant Pasqual de Villareal, tant aviat com voldria. Veuré de complir tan aviat com podré vostre desitx que es lo meu, de fa temps.

Grans mercés per haver-me fet observar que falta la paraula *Panis*, en lo distich de ma pobre poesie *Lo Miracle dels Pexets*.

Veusaqui un *cantich* eucharistich que he estampat aquest any, poca cosa es, mes preneune la bona voluntat.

Grans mercès també per *Les Miracles du Saint-Sacrement*, del P. Couet. Es un excelent llibre que llegesch ab veritable plaher.

Que 'l bon Jesus Sagramentat sia sempre nostre amor.

Vostre de cor *in Ipso.*

Jacinto VERDAGUER, Pre.

9 octobre 1899.

P. S. — Es sumament curios lo que V. me diú del cardinal Vives. Li enviaré una poesia que li he dedicat en nostra revista *La Creu del Monseny.*

XI

A jamais soit loué
le Très Saint-Sacrement.

Monsieur Augustin Vassal.

Mon bien aimé Ami et Monsieur,

Comme il m'aurait plu de pouvoir assister au congrès Eucharistique de Lourdes, mais je n'ai pu bouger de mon église de Bethléem et Bethléem peut consoler de Lourdes. Mais hélas ! je ne puis non plus m'en mouvoir pour aller dire la messe dont vous me chargez à l'autel de Saint-Pascal de Villaréal aussitôt que je le voudrais. Je verrai de remplir, dès que je le pourrai, votre désir, qui est le mien, depuis long-temps.

Grands mercis de m'avoir fait observer qu'il manque la parole *Panis*, au distique de ma poésie *Le Miracle des Petits Poissons.*

Voici un *cantique* Eucharistique que j'ai fait imprimer cette année, c'est peu de chose, mais acceptez ma bonne volonté.

Grands mercis aussi pour *Les Miracles du Saint-Sacrement* du P. Couet. C'est un excellent livre qu'on lit avec un véritable plaisir.

Que le bon Jésus Sacramenté soit toujours notre amour.

Votre de cœur en Jésus-Christ.

Jacinto Verdaguer, Pre.

9 octobre 1899.

P. S. — C'est souverainement curieux ce que vous me dites du cardinal Vives. Je vous enverrai une poésie que je lui ai dédiée dans notre revue *La Croix de Monseny.*

XII

Sia Jesus l'amat de nostre cor.

Senyor Agusti VASSAL.

Carissim Amich,

La nit de Nadal celebrí la primera missa en honor de les Santes Hosties de Pezilla, com m'en carregá de part vostre M. Delpont. Mil mercés.

No se pas quan podré estampar mon llibre de la *Eucaristia*. No 'm será pas possible com no s'arreglen mos assumptos. A la voluntat de Deu.

He rellegit ab plaher vostre bonich opuscol *La Main de Saint-Jean*, y n'he fet un articlet que penso publicar à la *Creu del Monseny*. M'alegraria que fos del vostre agrado.

He poetisat un parell de miracles dels del llibre hermos que me dexáreu. Mes no he tingut pas cap inspiració. Jesus Sagramentat ne prenga la bona voluntat.

Ell vos done bon any, bon segle y bon sempre á vos, á vostra esposa y á tots mos amichs de per aquí.

Manau y disposau de vostre afm. amich.

Jacinto VERDAGUER, Pre.

31 decembre 1899.

XII

Que Jésus soit l'aimé de notre cœur.

Monsieur Augustin VASSAL.

Très cher Ami,

La nuit de Noël j'ai célébré la première messe en l'honneur des Saintes Hosties de Pézilla, comme m'en a chargé de votre part M. Delpont. Mille mercis.

Je ne sais pas quand je pourrai imprimer mon livre de l'*Eucharistie*. Cela ne me sera pas possible tant que ne se règlent mes affaires. A la volonté de Dieu.

J'ai relu avec plaisir votre bel opuscule, *La Main de Saint-Jean* et j'en ai fait un petit article que je pense publier à la *Croix de Monseny*. Je me réjouirai qu'il fut à votre gré.

J'ai mis en vers une paire de miracles de ceux du beau livre que vous m'avez prêté. Mais je n'ai eu aucune inspiration. Que Jésus Sacramenté accepte ma bonne volonté.

Qu'Il vous donne bon an, bon siècle et bon toujours à vous, à votre épouse et à tous mes amis de par là.

Ordonnez et disposez de votre ami affectionné.

Jacinto VERDAGUER, Pre.

31 décembre 1890.

XIII

Jesus, Joseph y Maria
Sian nostra companyia.

Senyor Agusti Vassal.

Mon estimadissim Amich,

Tan mateix es hora de respondre á les dues afectuoses lletras de V. y sobre assumptos tan alts com los de la Verge Maria.

Ella m'ho perdone. Mes Ella també me perdone que no escriga un cantich nou. So vell, estich en una mar de tribulacions que no 'm dexan pensar, ni escriure y menos cantar.

Me diuhen cantayre
Mes no canto gayre.
Mes no canto, no!

Ara mateix estich escribint una poesia par cada dia dal més de Maria, simbolisade ó recordada en una flor, que, si á Deu plau, publicaria, l'any vinent ab lo titol de *Flors de Maria*, illustrades per un nostre primer débuxant y pintor de flors, Senyor Alexandre de Riquer: Serviria per la idea de V. aquexa garlandeta de humils y modestes flors, com á cullide en mon pobre jardí?

Per l'alta poesia me santo axelat. Tantes y tan crues tempestes m'han xafades totes les flors del meu hort, y m'han dexat sensa un brot de poesia.

Tot sia per Deu.

V. me demanava quan costarian d'estampar mes *Flors Eucaristiques*. Per 500 franchs m'en estamparian 1000 en edició sensilla; per 600 podria ser lo llibre millor.

Prometo á V. respondré tot seguit, si á Deu plau, desde avuy.

Mane y dispose de son afm. en Jesus y Maria.

Jacinto Verdaguer, Pre.

9 agost 1900.

XIII

Jésus, Joseph et Marie
Soient notre compagnie.

Monsieur Augustin VASSAL,

 Mon très aimé Ami,

 Tout de même il est temps de répondre à vos deux affectueuses lettres et sur des sujets si élevés que ceux de la
Vierge Marie.

 Qu'Elle me le pardonne. Mais Elle aussi me pardonne que
je n'écrive pas un cantique nouveau. Je suis vieux, je suis
dans une mer de tribulations qui ne me laissent ni penser, ni
écrire et encore moins chanter.

>   On me dit chanteur
>   Mais je ne chante guère.
>   Mais je ne chante pas, non !

 En ce moment j'écris une poésie pour chaque jour du mois
de Marie, symbolisée ou rappelée dans une fleur, que, s'il
plaît à Dieu, je publierai l'année prochaine, avec le titre de
Fleurs de Marie, illustrées par un de nos premiers artistes
et peintre de fleurs, M. Alexandre de Riquer. Elle servirait
pour votre idée, cette petite guirlande d'humbles et modestes
fleurs, comme cueillie dans mon pauvre jardin ?

 De si nombreuses et si cruelles tempêtes ont flétri toutes les
fleurs de mon jardin et m'ont laissé sans un brin de poésie.

 Que tout soit pour Dieu.

 Vous m'aviez demandé combien coûterait d'imprimer mes
Fleurs Eucharistiques. Pour 500 francs on m'en imprimerait
1000 en édition ordinaire, pour 600 le livre pourrait être
meilleur.

 Je vous promets de vous répondre tout de suite, s'il plaît à
Dieu, dès aujourd'hui.

 Demandez et disposez de votre très aimé en Jésus et Marie.

Jacinto VERDAGUER, Pre.

9 août 1900.

XIV

Jesus, Joseph y Maria
Sian nostra companyia.

Carissim Amich Senyor VASSAL,

Ab veritable goig he llegit son opuscul *Culte de la Très Sainte Vierge dans le diocèse de Perpignan*, y m'ha agradat de debò! Es un estudi religios y patriotich á la vegada, que umplirá de consol a algunes ánimes que anyoram lo passat y nestich segur plaurá á la Divine Verge á qui está dedicat.

M'agradaria saberne fer un petit article, com fiu de son precios estudi *La Má de Sant Joan*.

Ara estich també estampant un volum dedicat á la Verge Maria, ab lo titol d'*Ayres del Monseny*.

Será un volum mes petit que les *Eucaristiques*. Respecte á aquestes poesies estich encara indecis, entre publicar-les en un sol volum o en tres o quatre petits llibrets.

Lo primer ab lo nom de *Corpus* consta unes set composi- tions :

Vigilia de Corpus.

La Processó, poesia d'alguna extensió.

La Ginestayre.

La Custodia, llegenda de la de Barcelone, que tal volta es lu millor del mon.

La Banda de la Reyna, llegenda aderida á la anterior.

Nit de Corpus, fantasia que si tingues ocasió faria veure á V.

Lo segon volumet seria *La Comunio*, o bé *La Primera Comunio*.

Lo quart *Himnes al Santissim*.

Lo quint *Miracles de la Eucaristia*, ahon entraria *Lo Sol de Pezilla*, *Alborraya*, *Sant Francisco de Borgia* y altres.

Encara podria afigirhi 'l sisé si Deu volgues que sapigues escriure en prose una videta popular de nostre Sant Pascal- Baylon (que s'ha de comensar encara).

À seguir aquest plan per Corpus publicaria 'l primer.

Ara pregunto á V. que l'in semble? Quin dels dos plans li apar millor?

Si les publico en un sol volum, no ho puch fer massa de pressa, després dels *Ayres del Monseny* y també per estar sempre distret ab mil coses que no 'm dexan pulir la obra.

Lo glorios Sant Jacinto que porta en una má la Santa Verge y en altra 'l Santissim Sagrament nos inspire, á V. y a mi, y lloat sia eternament lo Santissim Sagrament.

Seu sempre de cor.

Jacinto VERDAGUER, Pre.

12 décembre 1900.

XIV

Jésus, Joseph et Marie
Soient notre compagnie.

Très cher Ami Monsieur Vassal,

Avec une véritable joie j'ai lu votre opuscule *Culte de la Très Sainte Vierge dans le diocèse de Perpignan* et cela m'a fait plaisir sérieusement ! C'est une étude religieuse et patriotique à la fois, qui remplira de consolation certaines âmes qui regrettent le passé et, j'en suis sûr, plaira à la Divine Vierge, à qui vous l'avez dédiée.

Il me plairait de savoir faire un petit article, comme finale de votre précieuse étude *La Main de Saint Jean*.

Je suis en train aussi de faire imprimer un volume dédié à la Vierge Marie, sous le titre *Airs de Monseny*.

Ce sera un volume plus petit que les *Eucharistiques*. Au sujet de ces poésies, je suis encore indécis, si je les publierai en un seul volume ou en trois ou quatre petits livrets.

Le premier, avec le nom de *Fête-Dieu*, comprendra sept compositions :

Vigile de Fête-Dieu.

La Procession, poésie d'une certaine étendue.

La Marchande de Genêt.

La Custode, légende de celle de Barcelone, qui est considérée comme la plus précieuse du monde entier.

Le Ruban de la Reine, légende unie à la précédente.

Nuit de Fête-Dieu, fantaisie que, si j'en ai l'occasion je vous ferai voir.

Le second petit volume serait *La Communion* ou bien *La Première Communion*.

Le quatrième *Hymnes au Très Saint-Sacrement*.

Le cinquième *Miracles de l'Eucharistie* où entrerait *Le Soleil de Pézilla, Alborraya, Saint-François de Borgia* et autres. Encore on pourrait y ajouter le sixième, si Dieu voulait que je susse écrire en prose une petite vie populaire de notre Saint Pascal-Baylon (qui doit encore se faire). A suivre ce plan, pour la Fête-Dieu je publierais le premier volume. Maintenant je vous demande que vous en semble-t-il. Lequel des deux plans vous paraît le meilleur? Si je les publie en un seul volume, je ne puis le faire trop vite, après les *Airs de Monseny* et aussi à cause des occupations que me donnent mille choses qui empêchent mon œuvre de mûrir. Que le glorieux saint Jacinto qui porte d'une main la Sainte Vierge et de l'autre le Très Saint-Sacrement nous inspire vous et moi et que loué soit éternellement le Très Saint-Sacrement.

Pour toujours à vous de cœur.

                              Jacinto Verdaguer, Pre.

12 décembre 1900.

XV

· *Sia Jesus l'amat de nostres cors !*

Senyor Agusti VASSAL,
Estimadissim Amich,

M'alegro molt del bon exit que segons me adiu y apondera
V. ha tingut lo Congres Marial de Lyon.

Jo sento no haver tinguda una inspiració apunt per afegir
al concert una pobre veu de grill. Mes altres ho hauran fet
millor y Maria 'n sia lloada per sempre.

La resposta que V. 'm fa á ma pregunta de si convenia
publicar á fascicles ó en un volum mes *Eucharistiques* m'ha
convensut. Sortiran totes plegades, mes axo será quan Deu
voldrá; puix per ara estich destorbat y la obra no está prou
feta encara.

Aquell la acabe per qui (ó en honor de qui) fou començada.

Mil mercès per la seva suscriptió y altres mils per la
celebració enviada que fou ma primera missa del dia de
Nadal oferta á sa intenció á honor y gloria de les Santes
Hosties de Pezillá!

Seu afm. en Jesus y Maria.

Jacinto VERDAGUER, Pre.

3 janer 1901.

Si sortis alguna obra eucaristica d'importancia li agrahiré que
m'ho notifique. He vist, mes no llegit encara *Lo Congres Eucaristich
de Paris* de 1808.

XV

Que Jésus soit l'aimé de nos cœurs !

Monsieur Augustin VASSAL,

Très aimé Ami,

Je me réjouis beaucoup de l'heureuse issue que d'après ce que vous me dites et m'affirmez a eue le Congrès Marial de Lyon.

Je regrette de n'avoir pas eu une inspiration à propos pour ajouter au concert ma pauvre voix de grillon. Mais d'autres l'auront fait mieux et que Marie en soit louée pour toujours !

La réponse que vous faites à ma demande s'il convenait de publier par fascicules ou en un volume mes *Eucharistiques* m'a convaincu. Elles sortiront toutes ensemble, mais ce sera quand Dieu voudra ; puis pour le moment je suis dérangé et l'œuvre n'est pas assez mûre pour le moment.

Que l'achève celui pour qui (ou en honneur de qui) elle fut commencée.

Mille mercis pour votre souscription et autres mille pour la célébration envoyée que fut ma première messe du jour de Noël, offerte à votre intention pour l'honneur et la gloire des Saintes Hosties de Pézilla.

Votre affectionné en Jésus et Marie.

Jacinto VERDAGUER, Pre.

3 janvier 1901.

S'il paraissait quelque œuvre eucharistique importante je vous serai reconnaissant de me la faire connaître. J'ai vu, mais pas encore lu *Le Congrès Eucharistique de Paris* de 1808.

Las Barres de Sanch

Dins son palaci de Valldaura [1]
trist está Jofre 'l Pelós [2],
mirant son escut que penja
d'un feix de llances y estochs.
Los cavallers ja li diuhen :
— De que estau tan neguitos?
— De veure ma adarga llisa
com un llibre sense mots.
— Llisa n'es la vostra adarga,
mes té 'l camp de plata y or.
— Bé té 'l camp d'or y de plata,
mes es un camp sense flors.
Mentres diu eixes paraules,
una carta n'ha desclos ;
la lletra n'es del grand Carles [3],
lo segell d'emperador.
« Los Normants entran á França,
« ajudau-me 'l meu nebot,
« que si vos me dau ajuda
« cada braç valdrá per dos. »
Quan las lletres son llegides,
— Cavallers, anem-hi tots —
Ja 's cobreix de fina malla
ja se 'n calça 'ls esperons,
ja se 'n volan cap á França ;
« bon camí que Deu nos dó ».

Quan lo camí se 'ls acaba,
se 'ls començà 'l treball fort.
Carles Calvo está en batalla
y 'ls Normants li prenen lloch,
com un mur de ferro verge
avançant cap á mitg-jorn ;
rajan sanch, destrals y llances,
las ballestes rajan foch.
A la primera embestida
lo mur de ferro se romp ;
los Normants van de recules
per escapar de la mort.
A la segona embestida
no se 'n veya cap en lloch.
Los Francesos demanavan :
— Qui es aqueix batallador?
— Lo comte de Barcelona,
lo comte Jofre 'l Pelós. —

[1] Valldaura, près Barcelone.
[2] Jofre 'l Pelos, comte de Barcelone.
[3] Charles le Chauve.

Les Barres de Sang

Dans son palais de Valldaure
Jofre le Velu est triste,
en voyant son écu pendu
à une brassée de lances et d'estocs.
Les chevaliers lui demandent :
— De quoi êtes-vous si languissant ?
— De voir mon écu lisse
comme un livre sans caractères.
— Lisse est votre écusson,
mais il a le champ d'argent et d'or.
— Son champ est bien d'or et d'argent
mais il n'a pas de fleurs.
Comme il disait ces paroles
il a ouvert une lettre ;
le message est du grand Charles,
le sceau d'un empereur.
« Les Normands entrent en France,
« aidez-moi, mon neveu,
« car si vous me donnez aide
« chaque bras vaudra pour deux ».
Sitôt les lettres lues,
— chevaliers, allons-y tous —
Il se revêt de fine maille,
et il chausse les éperons,
ils volent vers la France ;
« Bon chemin que Dieu nous donne ».

Quand le chemin se finit,
la grosse besogne commence.
Charles le Chauve est au combat,
les Normands lui disputent le terrain,
comme un mur de fer vierge
ils avancent vers le midi ;
il coule du sang, des haches et des lances
les flèches versent du feu.
A la première rencontre
le mur de fer se rompt ;
les Normands vont à reculons,
pour échapper à la mort.
A la seconde reprise
il n'en reste plus nulle part.
Les Français demandaient :
— Quel est ce batailleur ?
— Le comte de Barcelone,
le comte Jofre le Velu.

La derrera de las fletxes
l'ha ferit aprop del cor.
ja l'en entran á une tenda
que prengué als Normants traydors;
lo primer que li visita
n'es Carles Emperador.
Carles mira sas feridas,
sas armes mira 'l Pelós,
tot mirant las seues armes
sospirava de tristor.
— No sospireu. lo bon comte,
mon metge arribará tantost.
— De las nafres no me 'n senti,
sols me senti del honor,
puix en lo camp de la guerra
per mon escut no hi ha flors.
— Si 'l teu escut n'está sense,
ton pit n'está vermellós. —
Posa 'ls dits en la ferida,
los passa per l'escut d'or.
Si 'l comte Jofre plorava,
encara plora mes fort,
mes sas llagrimes de pena
ja son llagrimes de goig.
— Gran mercès, lo rey de França,
Gran mercès l'Emperador.
Si no puch tornar á veure 'us,
Catalunya y Aragó,
est testament vos envíhi,
escrit amb sanch de mon cor;
grabeu-lo en totes mes torres,
brodeu-lo en tots mos penons,
y porteu las « quatre barres »
á las quatre parts del món. —

Oh. soca de nostres comtes,
Deu no 't vol arrancar, no;
de las barres catalanes
tu 'n serás lo portador;
grans provincies las esperan
per grabar-les en son front,
los Espanyols en sas armes,
los Catalans en son cor.

Mais la dernière flèche
l'a frappé près du cœur,
on l'entre sous une tente
qu'il prit aux traîtres Normands;
le premier qui le visite
est Charles l'Empereur.
Charles examine ses blessures,
Jofre ses armes regarde,
et contemplant ses armes
il soupire de tristesse.
— Ne soupirez pas, bon comte,
mon médecin tôt arrivera.
— Les blessures je ne les sens pas,
je ne ressens que l'honneur,
et sur le champ de la guerre
il n'y a pas de fleurs pour mon écu.
— Si ton écu n'en a pas
ta poitrine en est rougie.
Il met ses doigts sur la blessure,
et les passe sur l'écu d'or.
Si le comte Jofre pleurait,
il pleure encore plus fort,
mais ses larmes de douleur
sont maintenant des larmes de joie.
— Grand merci, le roi de France,
grand merci, mon Empereur.
Si je ne vous revoie,
Catalogne et Aragon,
je vous envoie ce testament.
écrit avec du sang de mon cœur;
gravez-le sur toutes mes tours,
brodez-le sur mes bannières.
et portez les « quatre barres »
aux quatre coins du monde.

Oh. souche de nos comtes,
Dieu ne veut t'arracher, oh non;
des barres catalanes
tu seras le gardien;
de grandes provinces les attendent,
pour les graver sur leur front,
les Espagnols sur leurs armes,
et les Catalans dans leur cœur.

Jacinto Verdaguer.   (Traduction de J. Delpont).

Nota. — L'écusson catalan du Roussillon est un losange sur pointe, au champ d'or, avec quatre *barres* rouges, verticales; d'après la poétique légende de Verdaguer, ces *barres* seraient « las quatre ditades » de Charles le Chauve.

APPENDICE

Notre écrit était déjà imprimé quand nous avons reçu par les journaux catalans la bonne nouvelle qu'on avait décidé d'ériger au grand poète deux monuments, l'un officiel sur une des places de Barcelone, l'autre plus intime sur le *Montseny* qu'il a illustré par ses chants.

Nous signalons à ses amis les lignes suivantes, écrites de sa main [1], qui pourraient être gravées sur un de ces monuments, ou sur la tombe de Mossen Jacinto Verdaguer, comme la plus belle expression de sa foi, de ses espérances et de son immortalité.

« Tant com es cert que Deu es al cel, tan també es cert que 'm revestirá un dia de la gloria perenne ; perqué ni en un moment de la meva agonia he perdut lo coratge. He passat per la proba de la tomba : tinch dret á la resurrecció. *Alleluia !* »

« Comme Dieu est au ciel il est aussi certain qu'il me revêtira, un jour, de la gloire éternelle, parce que dans mon agonie je n'ai perdu courage un seul moment. Je suis passé par l'épreuve de la tombe : j'ai droit à la résurrection. *Alleluia !* »

Repose glorieux, prêtre-poète de Jésus-Christ, dans les splendeurs eucharistiques !

Ni les Lamartine, ni les Victor Hugo ne peuvent te disputer cette gloire pour laquelle tu es égal aux Séraphins du ciel et bien supérieur aux poètes de la terre par la pureté de ton cœur et la sublimité de tes incomparables accents.

Tous les jours ton génie se sacrifiait à ton Dieu qui s'immolait à ta voix, et qui te donnait force pour voler dans les hauteurs et pour combattre à sa voix.

Da robur, fer auxilium !

Deux cent mille étrangers t'ont fait des funérailles triomphales dans la grande cité de Barcelone ; mais les Séraphins ont accueilli, au ciel, tes magnifiques *Eucharistiques* qui ont dû faire tressaillir les Anges et les Séraphins, ravis de tant de merveilleuses beautés.

Augustin VASSAL,
Chevalier de Saint-Grégoire le Grand.

[1] Lettre de 1897 à M. l'abbé Bonafont (Lo Pastorellet de la Vall d'Arles).